高等职业教育播音与主持专业新形态教材

有声语言表达艺术与传播系列丛书

普通话语音学基础

吕　凯◎主　编

扫码下载

教学资源

北京交通大学出版社

·北京·

内 容 简 介

本书紧密结合高等职业教育的实践性和应用性，不仅深入讲解了普通话的发音原理和技巧，更注重培养学生在职场中的实际运用能力，帮助学生在短时间内快速提升普通话水平。本书配有丰富的教学资源，包括教学课件、教案、教学标准、习题集，便于教学。

本书适合用作播音与主持、网络与新媒体、戏剧影视表演、影视编导等专业的教学用书。

图书在版编目（CIP）数据

普通话语音学基础 / 吕凯主编. -- 北京 ：北京交通大学出版社，2025. 2. --ISBN 978-7-5121-5369-1

Ⅰ. H116

中国国家版本馆 CIP 数据核字第 2024HP3608 号

普通话语音学基础

PUTONGHUA YUYINXUE JICHU

策划编辑：宫靖云　　责任编辑：严慧明

出版发行：北京交通大学出版社　　电话：010－51686414　　http：//www. bjtup. com. cn

地　　址：北京市海淀区高梁桥斜街 44 号　　邮编：100044

印 刷 者：北京鑫海金澳胶印有限公司

经　　销：全国新华书店

开　　本：185 mm×230 mm　　印张：13. 25　　字数：224 千字

版 印 次：2025 年 2 月第 1 版　　2025 年 2 月第 1 次印刷

定　　价：48. 00 元

本书如有质量问题，请向北京交通大学出版社质监组反映．对您的意见和批评，我们表示欢迎和感谢.

投诉电话：010－51686043，51686008；传真：010－62225406；E-mail：press@ bjtu.edu.cn.

序

《普通话语音学基础》即将出版了，这既是吕凯老师教学与学术研究生涯中的一个重要里程碑，更是播音与主持教学领域和国家语言文字工作的一件幸事。我为青年教学工作者在教学实践中发现新问题、探索新教学方法而深感欣慰；更可喜的是，青年学者们的成长和进步，将为变革中的播音与主持教学注入新的活力。在普通话语音学领域有着这样一群充满激情和创造力的年轻教师，他们为了普通话语音学的发展，不断深入研究，为拓展语音学的边界贡献自己的力量，这是播音专业和影视学科之喜。

我曾作为吕凯的硕士生导师，亲眼见证了他的成长、进步和对学术的不懈追求。普通话语音学，这看似平凡的领域，实则蕴含着无尽的挑战与深意。编写这样一本教材，其难度不言而喻。它需要对语音的细微差别有着敏锐的洞察力，对复杂的语音现象有着清晰的梳理能力，更需要深厚的专业知识和丰富的教学经验作为支撑。每一个发音的分析、每一个规律的总结，都凝聚着作者无数的心血与智慧。

对于想步入播音与主持语言艺术殿堂的高中生和播音与主持专业的学生及从业者，乃至国家推广普通话的工作来说，掌握扎实的普通话语音学基础是极有价值和极具积极意义的。在当今这个全球化、信息化的时代，普通话作为中华民族的共同语言，其重要性日益凸显。它不仅是我们日常交流的工具，更是中华文化的重要载体和传播途径。因此，推广普通话，提高全民的普通话水平，对于增进民族团结、促进社会和谐、提升国家文化软实力都具有十分重要的作用。

《普通话语音学基础》的出版，正是顺应了这一时代需求。这本书不仅为播音与主持专业的学生和从业者提供了一本系统、全面、实用的教材，更重要的是，它为国家推广普通话的工作提供了有力的支持。通过这本书，读者可以更加深入地了解普通话的语音学知识，掌握正确的发音方法和技巧，从而提高自己的普通话水平。这对于普及普通话、提高全民语言能力，无疑具有积极的推动作用。此外，吕凯老师在书中还强调了实践训练的重要性，设计了一系列识读训练材料，帮助读者巩固所学知识并提高实际应用能力。这种理论与实践相结合的方式，不仅使得这本书更加贴近实际需求，具有更强的实用性和可操作性，而且也为读者提供了更加科学、有效的学习方法。这本书的出版也是对国家推广普通话政策的有力响应。近年来，国家高度重视普通话的推广和普及工作，出台了一系列政策、措施来推动语言文字工作。《普通话语音学基础》的出版，正是对这些政策的具体落实和有力支持。它不仅为普及普通话提供了优质的教材资源，也为推动国家语言文字工作的深入开展做出了积极贡献，这对于提高全民的普通话水平、推动国家推广普通话的工作同样具有重要的意义。

我为吕凯老师所取得的成绩感到由衷的高兴和自豪。尽管青年教师在事业发展中面临诸多困难，但我却欣喜地看到他在普通话语音学教学领域，有着磅礴的生气和活力。他满怀热情与执着投身其中，不畏惧挑战，勇于探索未知。正是他的努力与付出，才让这一领域又涌现了清新而又芬芳的生机。这本书，不仅是知识的传递，更是一种精神的传承。它承载着前辈们的经验与智慧，也融入了吕凯老师的创新与思考。它将使对播音语音感兴趣的人能更加系统地理解普通话语音学，提升他们的专业素养。同时，我也期待吕凯老师能够以这本教材为起点，在普通话语音学的广阔天地中继续绽放光彩和成就美好的未来。愿这本教材能够照亮如吕凯这样的一批年轻教师们前行的道路，使他们在普通话语音学的征程中不断迈进，为培养更多优秀的语言人才而努力奋斗！

最后，我要再次向吕凯老师表示热烈的祝贺，并期待他在未来的教学与学术研究中取得更多的成果。我衷心希望《普通话语音学基础》的出版能成为推动国家推广普通话工作有影响力的积极力量之一，同时希望《普通话语音学基础》能得到广大读者的喜爱和认可。

项仲平

2025 年 1 月 2 日

（注：项仲平，文科二级教授、国务院政府特殊津贴专家、教育部戏剧影视学教学指导委员会特邀专家、博士生导师，曾担任浙江传媒学院院长和教育部戏剧影视学教学指导委员会委员。现任南京传媒学院副校长、特聘教授、国家一流专业负责人。）

前　言

普通话语音学，简而言之，是研究普通话语音现象和规律的学科。但在多年的教学实践中，我更愿意将其视为一门艺术和科学相结合的学科。它不仅仅要求学生掌握发音的技巧，更要理解语音背后的文化、历史和情感。

普通话语音学，对于播音与主持专业的学生而言，其重要性不言而喻。作为职业本科教育的核心课程，它不仅是学生日常学习的主要内容，更是他们未来走向工作岗位所必备的基本技能。在我的课堂上，我始终强调语音学的实际应用与职业需求相结合，帮助学生明确学习目标，激发他们对播音与主持行业的热情。

在我看来，普通话语音学不仅关乎技巧，更关乎对语言的敏感度和理解力。作为播音主持人，准确、流利的普通话是基础中的基础，而语音学的学习正是为了打磨这一基本功。在我的教学中，我注重引导学生感受普通话的韵律美、节奏美，让他们从心底爱上这门语言，从而更好地传达信息、表达情感。

作为职业本科教育的一部分，我始终关注学生的职业素养和综合能力。普通话语音学的学习，不仅仅是为了应对考试，更是为了培养学生的专业素养和实践能力。我经常鼓励学生参与各种实践活动，如校园广播、新闻播报等，让他们在实践中锤炼自己的语音技能，提升自我表现能力。

经过多年的教学实践与积累，我编写了这本关于普通话语音学的教材，它凝结了我多年教学的成果。这本书不仅系统地介绍了普通话语音学的基础知识和技巧，还融入了我多年来在播音与主持教学中的经验和心得。可以说，这本教材是我教学智慧的结晶，也是我对播音与主持教育的深深热爱和执着追求的体现。

在写作过程中，我时常回想起自己初涉语音学的懵懂与好奇。那时对每一个音素、每一个声调的细微差别都充满了好奇和探索的欲望。而今，能够将自己的知识和体会整理成书，与更多的读者分享，我感到无比的欣慰和自豪。

对于本书的内容，我力求做到准确、详尽。但在编写过程中，也难免有疏漏和不足之处。由于时间仓促，部分章节的深度和广度可能还有待加强。同时，我也意识到，语音学作为一个不断发展的学科，新的理论和发现层出不穷。因此，我希望在未来的修订中，能够不断补充新的研究成果，使本书内容更加丰富和完善。

此外，我要特别感谢北京交通大学出版社相关人员，他们在本书的出版过程中给予了我极大的支持和帮助，他们的专业精神和严谨态度让我深受启发。同时，我也要感谢我的大学普通话语音学启蒙老师——白云莉教授，是她引领我走进了这个充满魅力的专业领域，为我指明了研究方向。最后我要衷心地感谢成都艺术职业大学为我提供了良好的创作环境。

回顾整本书的编写过程，我深感这是一个不断学习、不断成长的过程。通过对普通话语音学的深入研究，我更加深刻地认识到了语言的复杂性和多样性。同时，我也希望通过本书，能够激发更多读者对普通话语音学的兴趣，引导他们走进这个充满奥秘的学科领域。

多年的教学生涯让我深刻感受到，教育不仅仅是传授知识，更是引领学生成长的过程。在教授普通话语音学的过程中，我见证了许多学生从懵懂无知到逐步成熟、从胆怯羞涩到自信大方的转变。这些变化让我深刻体会到教育的力量，也让我更加坚定地相信，普通话语音学是播音与主持职业本科教育的根基。

因此，我将继续致力于普通话语音学的教学工作，不断创新教学方法，提升教学效果。我希望通过自己的努力，能够帮助更多的学生掌握好普通话语音学，为他们的播音与主持之路打下坚实的基础。同时，我也期待与同行们共同交流、探讨教学经验，共同推动播音与主持教育的发展。

吕凯

2024年10月于成都南郊牧马山

扫码关注

随时答疑

目 录

第一章

语言与民族共同语

第一节　语言的性质

“语言是思想的直接现实”，即语言是思维的工具，是意识的物质外壳。这句话，实质上是在阐述语言作为思维的重要载体与表现形式。语言不仅是思维的工具，更是意识的物质外壳，它承载着我们的思考与感知。

设想一下，假如没有字词句的存在，人们的思考与沟通还能顺畅进行吗？人们所见到的每一物、所想到的每一事，都必须依赖某种符号，即字词与概念，来为其命名与指代；每一种理解、每一种认识，也唯有通过句子来固定与表达；而内心深处的每一种感觉与情绪，同样需要借助言语来描绘与传达。至于更为复杂的思考过程与逻辑推理，更是离不开语言的参与和助力。

通过观察生活我们不难发现，当小孩的思维尚未发展成熟时，他们的思考过程常常伴随着有声语言的进行。即使在无人陪伴的情况下，他们也会自言自语，如“我要吃糖糖”或是“妈妈”“糖”等词句。这样的现象进一步证实了，没有语言，思维将难以展开。因此，可以确信地说，语言是思维的得力助手，是思想的直接体现，也是意识的外在形式。

一、语言是人类最重要的交际工具

在社会生活中，信息的交流与传递无处不在，而语言则是这一切交流的核心。人们利用红绿灯来指示交通，这不仅仅是一个简单的红绿变换，而是建立在“红灯停，绿灯行”这一共同的语言理解之上。当我们看到交警使用旗语指挥交通时，每一个挥旗的动作都对应着特定的指令，这也是一种特殊的语言。

再比如，手势在人们的日常生活中也扮演着重要的角色。当我们竖起大拇指时，这通常表示赞赏或认可；而挥手则通常意味着告别。这些都是手势语言的一部分，它们承载了特定的信息和情感。

此外，赠送礼物也是社交的一种重要方式，而每种礼物都蕴含着特定的语言内容。例如，送一束红玫瑰通常表示热烈的爱情，而送一本励志书籍则可能寄托着鼓励和祝福之情。

在商业交流中，签合同或协议是不可或缺的环节。这些文件使用精确的语言来规定双方的权利和义务，确保交易的顺利进行。如果没有了语言，这些复杂的商业活动将无法进行。

聋哑人的手语更是一个生动的例子，他们通过手势、面部表情及身体动作来传达自己的思想和情感。这种手语不仅仅是一种交流工具，更是聋哑人群体独特的文化表达方式。

在学校教育中，语言的作用更是举足轻重。教师通过语言传授知识，学生通过语言来学习和思考。无论是数学公式、历史事件，还是科学原理，都需要通过语言来准确表达和传播。

在国际交流中，语言也扮演着至关重要的角色。国与国之间的外交谈判、国际会议上的演讲和辩论，都需要使用语言来进行。这些语言不仅传递着信息，更承载着各国的文化和价值观。

语言渗透在人们社会生活的方方面面，无论是日常交流、商业活动、教育，还是国际交往，都离不开语言的支持。语言在人类社会中承担着重要的角色，可以说，语言是人类社会最重要的交际工具。

二、语言是记载和传承人类文明的重要载体

首先，语言作为人类思维的工具，能够记录和表达人类的思想、观念和知识。例如，古代的哲学家、科学家和文学家通过语言将自己的思考、发现记载下来，形成了丰富的文化遗产。柏拉图的哲学对话、亚里士多德的物理学论述、莎士比亚的戏剧作品等，都通过语言得以流传至今，对后世产生了深远的影响。

其次，语言在文化传承方面发挥着至关重要的作用。以口头传统为例，许多古老的故事、神话和传说都是通过口头语言代代相传的。这些口头传统不仅丰富了人类的文化遗产，还为后人提供了了解历史和文化的独特视角。此外，各民族的语言中还蕴含着丰富的民俗、习惯和价值观，这些都是人类文明的重要组成部分。

再次，文字作为语言的书面形式，更是人类文明的瑰宝。从古代的甲骨文、楔形文字到现代的汉字、英文字母等，文字不仅记录了人类的历史和发展，还成为各国文化交流的桥梁。通过文字，人们可以跨越时空的限制，与古人对话，了解不同文化的精髓。

最后，现代科技的发展也使得语言在记载和传承人类文明方面发挥了更大的作用。数字图书馆、在线数据库等资源为研究者提供了便捷的途径来查阅和传承人类的知识与文化。社交媒体、网络平台等新兴技术，也让人们能够更加方便地交流和分享信息，促进了文化的传播和创新。

语言作为人类思维的工具和文化的载体，在记载和传承人类文明方面发挥着不可或缺的作用。无论是口头传统、文字记录，还是现代科技的应用，都充分体现了语言在人类文明传承中的重要地位。

三、语言的三大性质

1. 语音

语音，是语言的物质外壳，它作为承载语言内容的声波形式，为人们提供了理解和表

达思想的工具。就像人体的外壳包裹着内部的器官一样，语音是语言的外壳，包裹着语言的丰富内涵和复杂结构。尽管在世界的某个角落，有些语言可能没有文字的记录，但无论人们身处何方，无论哪种语言，语音都是不可或缺的存在。

当人们深入探索语言的多样性时，会发现不同语言之间的差异，首先就表现在它们的语音特质上。这些差异可能源于发音的方式、音调的变化、音节的组合等，它们构成了不同语言的独特韵味和魅力。因此，当人们尝试接触和理解另一种语言时，语音是人们最先接触到的部分，也是人们理解语言内涵的重要入口。

对于普通话来说，语音的学习尤为重要。普通话的语音规律与特点，是理解他人语义的基础。只有通过准确的发音，人们才能准确地传达自己的意思，也才能准确理解他人的表达。如果普通话语音发音不准确，不仅会影响表达效果，还可能导致沟通产生误解和障碍。因此，在学习普通话的过程中，必须注重语音的学习与练习，力求做到发音准确、语调自然。

总的来说，语音是语言的核心组成部分，它承载着语言的丰富内涵和复杂结构。通过学习和掌握语音，能够更好地理解和表达语言，也能够更好地欣赏和理解语言艺术的魅力。

2. 词汇

词汇不仅是语言的建构要素，更是概念物质化的重要符号，通常承载着明确的指称功能。在人类对事物、情感和关系的认知过程中，精确的词汇是思维清晰和交际顺畅的关键。缺乏精确词汇，人们的思考将陷入混沌，交流也将变得难以理解。因此，词汇作为语言的基本建构材料，其存在显得至关重要。

在普通话学习中，词汇的掌握对于准确理解和表达语义具有决定性作用。若普通话词汇储备不足，将严重影响语句的构造和表达的流畅性，甚至可能导致误解和歧义。因此，从学术角度来看，深化对词汇的研究，不断丰富和精确普通话词汇，对于提升语言能力和交际效果具有举足轻重的意义。这种对词汇重要性的认识，也是语言学研究不可或缺的一部分。

3. 语法

语法，作为人类社会沟通与交流的基础，其实是一套经过岁月沉淀、得到广泛认可并被长期沿用的组词造句的规范体系。这套体系并非一蹴而就，而是基于亿万人的共同习惯、交流需求及文化传承逐渐发展而成的，为语言的表达和理解提供了稳固且灵活的框架。

在这个复杂而精密的框架之中，词语扮演着不可或缺的角色。它们犹如语言中的基本单元，就像一颗颗璀璨的珍珠，各自闪烁着独特的光彩。然而，仅仅拥有这些珍珠并不足以构成完整且富有意义的语言表达。此时，语法便显得尤为重要，它如同那根精巧的绳索，将这些珍珠巧妙地串联起来，形成了丰富多彩、意蕴深厚的句子和篇章。

语法的力量在于其引导和约束作用。它规定了词语的组合方式、句子的构造规则及信息的传递顺序，使得人们在表达思想或情感时能够遵循一定的逻辑和顺序，从而更加准确、清晰地传达意图。同时，语法也为人们理解他人的语言提供了有力的工具，帮助人们剖析句子结构、把握信息重点，进而深入理解对方的思想和情感。

作为语言法则的重要组成部分，语法与语音、词汇一样，都是社会群体共同认可并遵循的约定俗成的规则。这些规则并非凭空产生，而是受到整个社会和文化背景的影响，体现了人类社会的智慧和创造力。这些规则具有稳定性，不因个人意志而改变，在历史长河中不断得到验证和完善。

在语言的三大要素中，语法的稳定性尤为突出。与语音和词汇相比，语法更为稳定，不易受到外部因素的影响。因此，即使在不同的方言或语系中，仍然可以发现一些共通的语法规则和结构。这种稳定性使得语法成为语言学习中不可或缺的一部分。

值得一提的是，缺乏语法的指导，即便拥有丰富的词汇储备，也难以将这些词汇有效地组织成句子、段落或文章。语法如同语言的骨架，为人们提供了组织思想和表达情感的基础结构。因此，学习普通话的语法对于提高语言表达的准确性和流畅性具有至关重要的作用。通过深入学习和掌握普通话的语法规则，能够更加规范地构词成句，更加流畅地进行交际。反之，如果语法学习不到位，语言表达和理解能力将受到严重影响，甚至可能导致沟通障碍和误解的产生。

第二节 民族共同语和方言

共同语，作为一个社会全体成员广泛使用的语言，承载着全社会范围内的交流与沟通功能。它是连接社会各个角落的桥梁，是全民共享的交际工具，体现了语言的普遍性和标准化。

相对而言，方言则是特定地域文化的产物，它在局部地区被人们广泛使用。方言的形成往往与地理、历史、文化交流等多种因素密切相关。当共同语尚未形成或标准化时，各地的方言实际上扮演着局部共同语的角色，为当地人们提供着交流的工具。这些方言中的某些元素，甚至可能成为未来共同语形成的基础，融入到更广泛使用的语言当中。

然而，在共同语已经确立并被广泛使用的社会里，方言则呈现出另一种形态。它们不再是局部地区的共同语，而是共同语的分支或变体。这些方言在保持共同语基本结构的同时，融入了地域性的词汇、发音和语法特点，使得语言更加丰富多样。

总的来说，共同语和方言在社会语言学中占据着重要的地位。它们之间的关系错综复杂，既相互独立又相互影响。共同语作为全民交际的工具，体现了语言的普遍性和规范性；而方言则承载着地域文化的独特魅力，为语言的多样性增添了浓墨重彩的一笔。

共同语通常基于某一特定方言逐渐演化而来。这里所说的特定方言，即为民族共同语所依托的基础方言。而在现代，汉民族的共同语言，无疑是近几百年来在北方方言的熏陶下逐渐塑造而成的。

追溯至先秦时期，汉族其实已存在一种汉民族共同语，这种语言在春秋时代被称为“雅言”。“雅言”这一称谓，反映了当时社会对这种共同语的认可与尊崇。它不仅是读书执礼时的规范用语，更是社会上层交流的重要工具。

进入汉代，这种共同语又有了新的名称，即“通语”，这一名称体现了其广泛流通、普遍使用的特性。

北方方言的代表城市北京，历史上曾是辽、金、元、明、清五代封建王朝的都城。长达八百多年的政治、经济、科技、文化中心地位，使得北京话不仅成为北方方言的典范，

还赋予了北方方言特殊的社会地位。与此同时，北方方言的分布范围在历史进程中不断扩张，最终成为汉语诸多方言中通行面最广、使用人口最多的方言。据估算，北方方言的分布面积占据了全国总面积的四分之三，使用人数占说汉语人数的三分之二，且方言内部的一致性极高。

值得一提的是，从晚唐五代至明清，众多重要的白话文著作，如《水浒传》《西游记》《儒林外史》《红楼梦》等，均以北方方言为基础创作而成。这些作品不仅在北方方言区广受欢迎，在非北方方言区也产生了深远的影响。此外，清朝雍正皇帝更是明文规定，朝廷官吏必须讲“官话”（北方方言北京音），不得使用地方方言，以确保政务沟通的顺畅。这一政策还延伸至广东、福建等地，雍正设立了“正音书院”，专门教授官话。辛亥革命后，国语运动蓬勃兴起，提倡“读音统一”“国语统一”，并通过行政手段加以推广，进一步推动了民族共同语的发展。

民国时期，为实现语言标准化与统一，发起并持续推进了一场重要的“国语运动”。可将该运动划分为三个历史时期。

第一历史时期（1912—1923）以“注音字母的规范化与新文学运动的融合”为主要特征。在此期间，“读音统一会”的设立标志着国音审定的制度化，教育部颁布了相关章程，旨在确立并推广一个标准的国音体系。同时，“国语研究会”在蔡元培等学者的引领下，对国语教育改革进行了深入研究与推动。《新青年》等刊物开始全面采用白话文，这一转变不仅体现了文学形式的革新，更彰显了“国语统一”理念与“新文学运动”的深度融合。

第二历史时期（1924—1936）聚焦于“国语罗马字与注音符号的体系化推广”。在此阶段内，国语运动的方向和策略随着政治环境的变化而调整，黎锦熙等语言学家对此进行了深入的理论探讨。1926 年的全国国语运动大会成为这一时期的标志性事件，会上明确提出了国语运动的双重目标：国语的标准化与普及化。这一理念旨在强化民族文化认同，提升整体文化素养。

第三历史时期（1937—1949）是“国语的全面推广与制度化”阶段。教育部通过向各级教育机构分发注音符号及国音教材，推动了国语教育的普及。1944 年举办的国语运动宣传周进一步明确了国语运动的五大纲领，包括国字读音的标准化、国语的广泛推广与应用、注音国字的普及教育、注音符号的体系化应用及国语教学法的科学研究。这些举措不仅促进了语言的规范化发展，也为现代汉语的学术研究与应用奠定了坚实基础。

在新中国成立后，国家实现了经济、政治、文化和国防等各个领域的全面统一，这是历史上前所未有的。随着国民经济的恢复和第一个五年计划的顺利实施，人们逐渐认识到，全国范围内通行且广为人们接受的共同语言，即规范化的语言，变得日益重要。为此，中国科学院于1955年10月召开了现代汉语规范化问题学术会议。该会议为现代汉民族共同语的语音和文字提供了科学的定义，即“以北京语音为标准音，以北方话为基础方言的普通话”。1956年，国务院在《关于推广普通话的指示》中进一步明确了普通话的语法规范，增补了“以典范的现代白话文著作为语法规范”。

第二章 普通话语音概说

普通话是现代汉民族共同语，同时也是我国法定的通用共同语。它是以北京语音为标准音，以北方话为基础方言，以典范的现代白话文著作为语法规范的现代汉民族共同语。

第一节 普通话的规范化构建

（1）语音方面：以北京语音为标准音，去除北京音中的土音成分。

（2）词汇方面：以北方话为基础方言，以北方话词汇为主，去除过于土俗的词语，适当吸收其他方言中有用的词语。

（3）语法方面：以典范的现代白话文著作为语法规范，指典范的现代白话文著作中的一般用例。

一、语音规范：以北京语音作为标准

在北方方言的广阔区域内，各地的语音差异显著且复杂。举例而言，西南官话、东北官话及江淮官话等次方言，与普通话和其他北方方言在语音特性上存在显著差异。具体来说，西南官话和东北官话中并不包含普通话的卷舌音声母（如 zh、ch、sh、r），这一特

性为其语音系统赋予了独特性。江淮官话则更为特别，除了缺少卷舌音，还保留了入声，使得其语音结构更加独特和复杂。

在声调方面，尽管北方方言普遍有四个基本声调，但实际情况更为复杂。以江淮官话为例，其声调系统表现出丰富的变化，某些地区甚至有六至七个声调。为了确保语音的统一和规范，必须选择一个具体的方言点作为语音标准，而这个方言点非北京莫属。北京作为北方方言的杰出代表，历史上曾是辽、金、元、明、清五代封建王朝的都城，历经八百多年的沧桑岁月，始终位于中国政治、经济、科技、文化的中心地位。这种特殊的历史地位使得北京话成为北方方言的典范，同时也让以北京话为代表的北方方言在与其他汉语方言相比之时，呈现出截然不同的社会语境。随着历史的推移，北方方言的使用范围逐渐扩大，无论是通行区域还是使用人数，在汉语各方言中都占据重要地位。

然而，普通话所采纳的北京语音并非北京地区的所有语音，而是城区中具有中等文化水平以上的居民所使用的口语。这种选择确保了普通话的语音具有一定的规范性和广泛接受度。这些居民所使用的北京语音通常被认为是比较标准、清晰且具有代表性的，因此适合作为普通话的基础。

但需要注意的是，北京作为一个具有悠久历史和丰富文化的城市，其内部存在多种土语和方言变体。这些土语与当地的历史、文化和社会背景紧密相连，具有独特的韵味和意义。尽管它们在当地人的日常生活中占据重要地位，但在确定普通话的语音标准时，需要排除这些具有地域特色的特殊土语成分。这样做的目的主要是确保普通话的通用性和规范性。普通话作为全国性的标准语言，需要能够被全国各地的人所理解和接受。如果过多地融入北京的特殊土语，可能会使普通话变得地域化，从而限制其在全国范围内的推广和使用。

二、词汇构建：以北方话作为基石

现代汉民族的共同语言，即人们所称的普通话，其形成深深植根于北方话的广泛传播与使用。由于北方话在历史上长期扮演中国官方语言和文学语言的角色，因此其词汇很自然地构成了普通话词汇的基础与核心来源。这种关系可以通过大量北方话中

的常用词汇被直接吸纳到普通话中得到体现，这些词汇已经成为全国范围内广泛使用的表达方式。

然而，尽管普通话词汇与北方话词汇之间存在密切的联系，但两者在词汇的性质和构成上并不完全一致。作为现代汉民族的共同语，普通话的词汇系统具有更高的规范性、统一性和全国性。这意味着在普通话词汇的形成和发展过程中，人们不仅吸收了北方话的词汇，还广泛采纳了其他方言和语言的优秀元素，同时剔除了某些地域性过强或具有特殊土语色彩的词汇。

此外，普通话词汇还受到现代社会、文化和科技发展的影响，不断吸收并创造新的词汇，以满足全国范围内交流的需要。这些新词汇可能来源于北方话，也可能来自其他方言、外语或行业用语等。

因此，尽管北方话词汇构成了普通话词汇的基础和主要来源，但普通话词汇在性质和构成上并非仅局限于北方话词汇，而是更为丰富、多元和规范。这种差异性使得普通话能够更好地适应现代社会的需求，成为全国范围内广泛使用的共同语。

在构建普通话词汇体系时，遵循了三个重要原则来进行词汇的选择和吸纳：①普遍接受性原则，即在选择北方话中的词汇时，优先考虑那些在各个地区均被广泛接受和使用的词汇；②避免土俗词汇原则，为了保持普通话的规范性和正式性，避免使用过于土俗或地方化的词汇；③广泛吸纳与表现力原则，普通话词汇体系不仅基于北方方言，还积极吸纳其他语言成分中具有表现力和广泛传播潜力的词汇。

通过上述三个原则的应用，构建了一个既基于北方方言又广泛吸纳其他语言成分的普通话词汇体系。这一体系旨在实现全国范围内的“语同音”，进而实现一个统一的多民族国家内人群的有效交流和语意的准确表达。

三、语法标准：以典范的现代白话文著作为语法规范

在构建现代汉民族共同语的语法规范时，选择以典范的现代白话文著作为基准，而非口语，主要基于以下几个关键因素。

（1）书面语的高规范性和稳定性，特别是经过精心加工和提炼的文学语言，这种语言

形式主要通过书面形式呈现，并通过如毛泽东、鲁迅、郭沫若、茅盾、老舍、巴金等文学巨匠的作品得到体现。这些杰出的语言大师运用他们卓越的语言技艺创作出了纯洁、健康、精确且富有表现力的语言，对于准确、流畅地表达思想和情感至关重要。

（2）这些典范的现代白话文著作已经在读者中产生了深远的影响，这些作品不仅语言优美、思想深邃，还使得广大读者在阅读过程中潜移默化地受到了其语言风格的熏陶。因此，与其他类型的著作相比，这些典范作品具有更广泛的通用性和接受度，更适合作为语法规范的标准。

（3）从语音、词汇到语法，现代汉民族共同语的形成是一个全方位的规范过程。在这个过程中，人们选择了一个方言作为基础，并通过精心筛选和提炼形成了法定的标准语。这一标准语不仅凝聚了现代汉语言的精华，还充分考虑了广大人民群众的口语表达习惯和对有声语言的审美需求。

（4）选择以典范的现代白话文著作为语法规范是现代汉民族共同语构建过程中的重要决策，这一决策不仅确保了语言的规范性、稳定性和通用性，还充分展现了现代汉语言的魅力和表现力。

第二节　现代汉民族共同语的形成和发展

汉语方言体系是多元且复杂的，可以被划分为七大主要的方言区域，包括北方方言区、吴方言区、湘方言区、赣方言区、客家方言区、闽方言区及粤方言区。在这些方言区中，北方方言区和闽方言区的内部结构特别复杂，又各自包含若干次方言区。北方方言与普通话的相似度最高，湘方言和赣方言也与普通话有一定的相似性。方言与普通话之间，以及方言与方言之间，在语音和词汇使用上存在差异，但在语法结构上的差别相对较小，这揭示了汉语方言的丰富性、多样性及汉语的内在统一性和稳定性。

一、北方方言区

北方方言区又称官话区，是汉语方言体系中地域最为辽阔的方言区。它以黄河流域

为中心，涵盖了北京、天津两大直辖市，以及河北、山西、内蒙古、陕西、甘肃、青海、宁夏七个省区。同时，它还延伸到河南、山东、江苏、安徽四省的大部分地区。东北三省——辽宁、吉林、黑龙江，以及长江流域中部的湖北、四川、云南、贵州等省份，也都归属于北方方言区。北方方言区又分为以下八个区：东北官话区、北京官话区、冀鲁官话区、胶辽官话区、中原官话区、兰银官话区、西南官话区、江淮官话区。这个广泛的地理分布使得北方方言成为使用人口最多的方言，其使用人口占据了汉族总人口的百分之七十三。

二、吴方言区

吴方言区在中国分布广泛，主要覆盖上海市全市，江苏省的镇江、常州、无锡、苏州、南通及其所辖各县，以及浙江省的杭州、宁波、嘉兴、湖州、绍兴、金华、衢州、舟山、台州等多个城市。这些地区广泛使用吴方言，显示了吴方言在地方文化和日常交流中的重要地位。

据统计，吴方言的使用人口约占汉族总人口的百分之七点二，其地域面积约占全国总面积的百分之三点四。这些数据充分证明了吴方言在中国方言中的重要影响力。

三、湘方言区

湘方言区主要覆盖湖南省的广大地区，具体包括长沙、株洲、湘潭、衡阳、邵阳、岳阳、常德、益阳、娄底、怀化、张家界、永州等多个城市及其下属各县。湘方言以其独特的语音和词汇，为湖南地区赋予了浓厚的地方文化色彩。湘方言区的一个显著特点是保留了大量的古音古词，这些古老的语音和词汇在日常交流中仍然活跃，使得湘方言听起来充满了历史韵味，同时也为湖南的语言文化增添了丰富的底蕴和独特的魅力。此外，湘方言中还保留了一些古汉语的语法结构及俗语、成语。

（1）古音的保留。在湘方言中，有些字的发音保留了古代的读音。例如，“街”在湘方言中读作“gai”，而不是现代汉语中的“jie”。这种发音更接近古汉语的读音。另外，

"去"在湘方言中读作"ke"或"qi"，这也与古汉语的读音相近。

（2）古词的保留。湘方言中保留了一些古汉语词汇。例如，"娭毑"是湘方言中对老年妇女的尊称，这个词源于古汉语，表达了对长者的尊敬。还有一些词汇如"细伢子"（小孩）、"堂客"（妻子）等，都是湘方言中保留的古汉语词汇，它们在现代汉语中已经不再常用。

（3）古汉语语法结构的保留。湘方言中还保留了一些古汉语的语法结构。例如，在湘方言中，形容词可以放在名词之后，如"人客好"（这个人很好），这种语序与古汉语的语序相似。

（4）古汉语俗语和成语的保留。湘方言中还保留了许多古汉语的俗语和成语，如"三天两头"（形容频繁）、"七七八八"（形容杂乱无章）等，这些表达方式在现代汉语中已经较少使用，但在湘方言中仍然广泛使用。

四、赣方言区

赣方言区主要分布在江西省的大部分地区，包括南昌、九江、抚州、吉安、赣州等市及其所辖各县。此外，湖北省的东南部地区，如黄石、咸宁、黄冈等市的部分地区也属于赣方言区。这些地方由于历史、地理和经济等方面的紧密联系，使得赣方言在这些区域得到广泛使用。赣方言作为汉语七大方言之一，不仅承载着丰富的历史文化信息，还是这些地方的人们日常交流的重要工具。需要注意的是，赣方言区也涉及湖南、福建、安徽等地的方言岛。其具体使用人口和更详细的分布情况可能因地区和统计数据差异而有所变化。

五、客家方言区

客家方言区广泛分布于广东、广西、福建和江西的部分地区。在广东，梅州、河源、惠州、韶关及深圳的龙岗等地都是客家方言的主要使用区域。同时，广西的博白、陆川、贺州也有大量的客家人聚居并使用客家方言。此外，福建的龙岩、三明及江西的赣州、吉安等地也同样是客家方言的重要分布地。客家方言区以其别具一格的语音和文化特征，在

汉语方言中独树一帜，展现了深厚的文化底蕴和独特的语言魅力。

六、闽方言区

闽方言区广泛分布于福建、台湾大部分地区，广东省东部的潮汕地区、雷州半岛的部分地区，以及海南省部分地区和浙江南部温州地区的一些县。在这些地区，闽方言是当地人们交流的主要语言。值得注意的是，闽方言内部存在显著的差异，主要包括闽南话、闽北话等多个次方言。

尤其是闽南话，在福建的厦门、泉州、漳州一带及台湾最为通行。这些次方言的形成，源于历史、地理等多种因素，它们各自具有独特的语音、词汇和语法特点，共同构成了闽方言这一复杂且多彩的语言体系。闽方言的多样性和独特性，不仅体现了这些地区丰富的语言文化，也是汉语方言中不可或缺的一部分。

七、粤方言区

粤方言区，作为汉语方言中的重要分支，主要分布在广东省的广州、佛山、东莞、中山、珠海、江门、肇庆、茂名、湛江等城市及其下属各县。此外，广西壮族自治区的梧州、玉林、贵港、北海、防城港、钦州、百色等城市的某些区域，也通行粤方言。粤方言独特的语音、丰富的词汇及深厚的岭南文化背景，使其在汉语方言中占有举足轻重的地位，成为中华文化多样性的重要体现。

第三节　普通话语音的特点

1. 音系比较简单，音节结构形式较少

普通话的音系相对较为简单，没有复杂的音变规则，这使得学习和掌握普通话变得更加容易。音节结构形式也相对较少，这使得普通话的发音更加规范和统一。

2. 音节中元音占优势，清声母多，听觉感觉清脆响亮

普通话中，元音在音节中占主导地位，这使得普通话的发音更加清晰、响亮。同时，清声母（发音时声带不振动的声母）较多，这使得普通话听起来更加清脆。

3. 声调系统比较简单，但变化鲜明

普通话有四个声调（阴、阳、上、去），虽然数量不多，但每个字的声调都有明确的规定，且不同声调之间变化鲜明。这使得普通话的语音具有丰富的层次感和节奏感。

4. 音节之间区分鲜明，使语音具有节奏感

普通话中的每个音节都有清晰的界限，这使得语音之间的区分非常鲜明。同时，由于普通话的音节结构和声调系统的特点，使得普通话的语音具有一种独特的节奏感。

5. 词汇的双音节化

在普通话中，很多词汇都是由两个音节组成的，这种双音节化的特点使得普通话的表达更加清晰、准确。同时，双音节词汇也有助于增强语言的节奏感和音乐性。

总的来说，普通话的语音特点使得它成为一种既简单又清楚的语言，同时具有很强的表达力。这些特点使得普通话在中国的社会交流中发挥着重要作用，并广泛应用于文学、艺术、媒体等领域。此外，普通话还承载了中国的历史文化传统，是中华文化的重要组成部分。

第四节　语音的三大性质

语音，作为语言的物质外壳，蕴含着丰富的性质，这些性质可以从物理、生理及社会三个维度进行深入剖析。

一、从物理性质来看

语音体现了声音的物理特性，其四要素——音高、音强、音长、音色，共同构建了语音的物理框架。具体而言，音高揭示了声波振动的频率，音强反映了声波的振幅，音长则

代表了声波振动的持续时间，而音色则是由声波的复杂波形所决定的，它赋予了每个声音独特的质感。这四个要素相互交织，共同塑造了语音的物理面貌。

二、从生理性质来看

语音的产生与人类的生理结构紧密相连。动力器官，如气管和肺，为发音提供了源源不断的气流，成为声音产生的原动力。喉头和声带作为振动器官，在气流的冲击下产生振动，从而发出声音。而口腔、鼻腔、胸腔等共鸣和咬字器官则对声音进行进一步的调制与塑形，使得发出的声音更加丰富多彩。这一系列生理过程协同作用，使得人类能够发出如此复杂多变的语音。图 2-1 为发音器官纵侧面示意图。

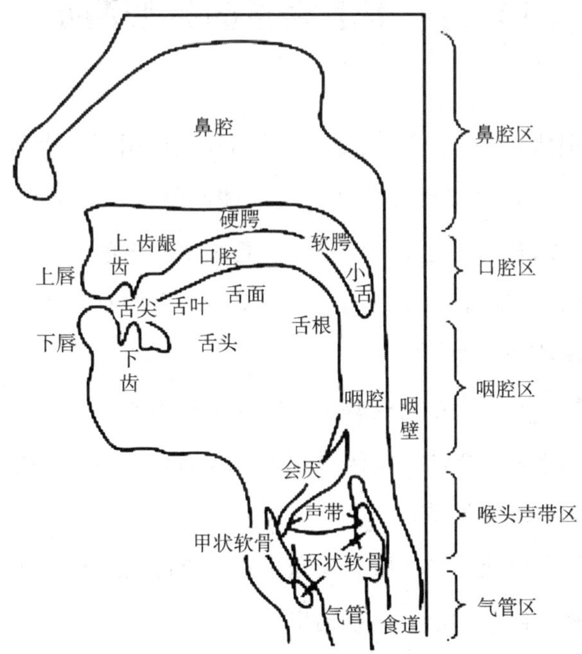

图 2-1　发音器官纵侧面示意图

三、从社会性质来看

不难发现，语言深深烙印着社会的印记。语音不仅仅是物理和生理的产物，更是社会文化的载体。在社会交际中，语音被赋予了特定的意义，这种意义的赋予是社会成员共同约定俗成的结果，称其为语音与意义的社会约定性。同时，各种语言和方言都拥有自己独特的语音系统，这些系统反映了不同社会群体的文化和历史背景，称其为语音的系统性。因此，语音的社会性质是其最为本质的属性，它使得语音成为人类交流和社会文化传承的重要工具。

综上所述，语音的物理性质、生理性质和社会性质是相互依存、相互影响的。它们共同构成了语音这一复杂而精妙的系统，使得人类能够通过语音来表达思想、交流情感，进而构建起丰富多彩的语言世界。

第五节　语言表达的心理活动

在语言表达的心理活动中，涉及“人的意识活动—运用语言代码进行编码—大脑指令发送—传输（体内、体外）—接收（自己接收反馈调整、对方接收）—解码”的复杂过程，从意识活动到最终的解码，每个环节都扮演着重要的角色。

人的意识活动：语言表达起始于人的意识活动。当人们有想法、感受或需求时，大脑开始工作，形成表达这些内容的意图。

运用语言代码进行编码：大脑将这些意图转化为具体的语言代码。这涉及选择适当的词汇、语法结构和语调来表达想法。编码过程需要人们掌握和运用语言知识，将内部的思想转化为可以被外部理解的符号系统。

大脑指令发送：编码完成后，大脑会发送指令，指挥发音和观察其他人的口型、面部表情、手势，以准备将编码后的语言信息输出。

传输（体内、体外）：语言信息通过神经系统传递到口腔、喉咙、舌头、唇部等语音器官，并通过感觉自己的发音和观察其他人的口型、面部表情、手势来表达出来。这个过程涉及体内外的传输，即将大脑中的语言信息转化为实际的语音和视觉信号。

接收（自己接收反馈调整、对方接收）：在语言表达的过程中，人们不仅会发出信息，还会接收信息。当我们发音或表达时，会通过听觉和触觉等感官接收自己的反馈，从而调

整发音和表达。同时，对方也会接收到我们发出的语言信息，进行解码和理解。

解码：对方接收到我们的语言信息后，会进行解码过程，即理解我们所表达的意思。这需要对方具备相应的语言知识和推理能力，以便准确理解我们的意图和信息。

自己接收反馈调整在语音训练中的重要性，确实是不容忽视的。通过接收自己的反馈，可以及时发现并纠正发音不准确、语调不当等问题，从而提高语言表达的准确性和流畅性。在语音训练中，注重自我反馈和调整有助于更快地掌握正确的发音方法和表达技巧。

语言表达的心理活动是一个复杂而有序的过程，涉及多个环节和多个感官的协同作用。在这个过程中，自我反馈和调整对于提高语言表达能力具有重要意义。

第六节　语音学基本概念

一、音节

当我们慢慢地说出一段话时，可以清晰地分辨出一个个小的语音片段，这些片段在语流中能够自然地被切分，这就是所谓的“音节”。简而言之，音节是语音中最小的自然单位，它提供了一种直观的方式来分析和理解语音结构。音节结构示例图如图 2-2 所示。

图 2-2　音节结构示例图

为了更好地理解音节，可以观察一些具体的例子。比如，“我-想-学-播-音”这句话中，每一个短横线隔开的部分就代表一个音节。虽然“江”（jiāng）和“激昂”（jī’áng）包含相同的音素，但由于它们在音节结构上的差异，使得人们一听就能区分出“江”是一个单独的音节，而“激昂”则是由两个音节组成的。

在普通话中，音节与汉字的关系非常密切。大多数情况下，一个汉字的读音只对应一个音节。例如，“我”“想”“学”“播”“音”这五个汉字，每个汉字都对应一个音节。但也有一些特殊情况，比如“花儿”，虽然它由两个汉字组成，但在普通话中它只读成一个音节“huār”，这种情况主要出现在儿化音中。

此外，普通话中常用的基本无调音节有 400 个，而有调音节（不包括轻声）则多达 1 300 多个，这些数据提供了关于普通话音节丰富性的直观印象。《新华字典》收录了 418 个无调音节，其中多出来的部分主要是一些特殊的辅音音节变化、特殊的语气词及一些过于土俗的方言词音节。

二、音素

音素是对音节进行分析得出的最小的语音单位。普通话共有 32 个音素（见表 2-1）。普通话的一个音节最少由 1 个音素构成，最多由 4 个音素构成。例如：a（啊），一个音素；an（安），两个音素；uan（湾），三个音素；jian（煎），四个音素；zhuang（装），四个音素。①

表 2-1 普通话音素表

书写办法	音素符号
一个字母代表一个音素	a、o、e、u、b、p、m、f、d、t、n、l、g、k、h、j、q、x、r、z、c、s
一个字母代表几个音素	i、zi〔-i（前）〕、zhi〔-i（后）〕
两个字母代表一个音素	er、ng、zh、ch、sh
一个字母加一个符号代表一个音素	ê、ü

① “zh”“ng”均为两个字母代表一个音素。

三、辅音与元音

在语音学中，音素是构成音节的最小单位，它可以分为两大类：辅音和元音。

1. 辅音

辅音，又称子音，是音素的一种。当发辅音时，气流在口腔中会受到明显的阻碍，同时呼出的气流相对较强。在发大部分辅音时，发音器官中对气流构成阻碍的部分肌肉会处于紧张状态，而声带通常不会颤动。在普通话中，辅音共有 22 个，具体包括：b、p、m、f、d、t、n、l、g、k、h、ng、j、q、x、z、c、s、zh、ch、sh、r。

2. 元音

元音，也被称为母音，是另一种音素。在发元音时，气流在口腔中不会受到明显的阻碍，呼出的气流相对较弱。此时，发音器官的肌肉会保持均衡的紧张状态，声带会颤动，产生的声音响亮且清晰，都是乐音。普通话中共有 10 个元音，分别是：ɑ、o、e、i、u、ü、ê、er、-i（前）、-i（后）。

（1）单元音：指的是在发音过程中音质始终保持不变的元音。它又可以分为一般单纯元音和特殊元音。

①一般单纯元音：也被称为舌面元音，因为在发音过程中舌位的活动主要在舌面。决定其音色的条件包括舌位的高低（与口腔的开度大小成反比）、舌位的前后及唇形的圆展。

②特殊元音：这是普通话语音中特有的，主要通过舌尖运动或卷舌动作形成元音音素。

• 舌尖元音：是特殊元音的一种，靠舌尖的运动形成。它包括舌尖前元音-i（前）[ɿ] 和舌尖后元音-i（后）[ʅ]。

• 卷舌元音：也是特殊元音的一种，通过卷舌动作形成。在普通话中，卷舌元音只有一个音素，即 er。

（2）复合音：由两个或三个元音音素组成的音组，或单元音复合元音后面附带鼻尾音组成的音组。

（3）复合元音：由两个或三个元音音素组成。其发音过程是由几个元音音素的舌位连续移动而形成的。

四、发音部位

发音部位即发辅音时，口腔对呼出气流构成阻碍的部位。普通话中 22 个辅音的发音部位共有 7 处，即：双唇阻、唇齿阻、舌尖前阻、舌尖中阻、舌尖后阻、舌面阻和舌根阻。

五、发音方法

发音方法即发辅音时，呼出气流破除发音部位所构成阻碍的方法。普通话中 22 个辅音的发音方法可分为 5 种，分别是：塞音、擦音、塞擦音、边音和鼻音。

六、送气与否

送气与否指配合发音方法对辅音发音条件进行的区分。在塞音和塞擦音中按呼出气流的强弱区分为送气音和不送气音两组辅音音素。

七、清浊区分

清浊区分指配合发音方法对辅音发音条件进行的区分。清音指发辅音时声带不颤动；浊音指发辅音时声带颤动。普通话 22 个辅音中，只有鼻音 m、n、ng，边音 l，擦音 r 等 5 个辅音为浊音，其余 17 个均为清辅音。

八、辅音发音要领表

按发音部位、发音方法及送气与否、清浊区分，列出辅音发音要领表（见表 2-2）。

表 2-2　辅音发音要领表

	不送气		送气	浊鼻音	清擦音	浊边
双唇阻	b	清塞音	p	m		
唇齿阻					f	
舌尖中阻	d		t	n		l
舌根阻	g		k	ng	h	
舌面阻	j	清塞擦音	q		x	浊擦
舌尖后阻	zh		ch		sh	r
舌尖前阻	z		c		s	

九、辅音发音过程

在发辅音时，从准备发音到发音结束的过程可以分为三个明显的阶段：成阻、持阻和除阻。这三个阶段描述了辅音发音的整个过程，从阻碍的形成到持续再到最终的释放。

1. 成阻阶段

这是发辅音过程的开始阶段，标志着阻碍作用的初步形成。在这一阶段，发音器官从静止状态或其他发音状态转变为发特定辅音所需的阻碍状态。可以将这个过程比喻为“千里洞庭湖水汇聚阶段”，意味着发音的准备和力量的积蓄。

2. 持阻阶段

这是发辅音过程的中间阶段，此时阻碍作用持续存在。这一阶段也可以看作是气流被阻塞但尚未释放的阶段，发音器官保持成阻状态，为接下来的除阻做准备。这个过程类似于“千里洞庭湖水积攒阶段”，代表着能量的积累和等待释放的状态。

3. 除阻阶段

这是发辅音过程的最后阶段，标志着阻碍作用的解除。在这一阶段，发音器官从阻碍状态恢复到原来的静止状态或其他发音状态。这个过程可以形象地比喻为“千里黄河遇到壶口瀑布，一泻千里”，意味着阻碍的突然解除和声音的发出。

十、元音与辅音的发音对比

元音和辅音的发音对比见表 2-3。

表 2-3　元音和辅音的发音对比

元音	辅音
气流在口腔中不受明显阻碍	气流在口腔中受到显著的阻碍
呼出气流比较弱	呼出气流比较强
发音器官均衡紧张	受阻碍的部分肌肉均衡紧张，不受阻碍的肌肉不紧张
声带颤动，声音响亮	大部分辅音发音时声带不颤动，声音不响亮
都是乐音	大部分是噪声

十一、舌位与舌位动程

舌位：指发音时，舌面隆起的最高点即最接近上腭的一点（近腭点）。

舌位动程：指舌位移动的过程。

十二、舌面元音舌位图

舌面元音舌位图是一种示意图（见图 2-3），以四个端点精确地标示出发音时舌头在口腔中所能达到的上下前后的极限位置。这四个端点通过直线连接，形成了一个四边形图示。在此四边形图示中，其横向被划分为前、央、后三个部分，这样的划分旨在明确标示出舌位在发音过程中的前后变化。同时，其纵向则被划分为低、半低、半高、高四个层次，这样的设计是为了准确标示舌位在发音时的高低变化，也即口腔的开闭程度。另外，此图中的竖线左侧用于标记不圆唇音，而右侧则用于标记圆唇音。这种示意方式是世界通用的，可用表 2-4 加以概括。

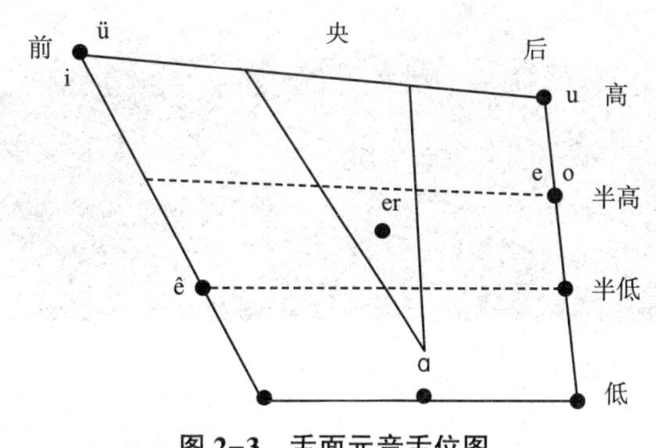

图 2-3　舌面元音舌位图

表 2-4　一般单纯元音舌位表

类别		舌面元音						舌尖元音		卷舌元音
舌位前后		前		央		后		前	后	央
唇形		圆	不圆	圆	不圆	圆	不圆	不圆	不圆	不圆
舌位高低	高	ü	i			u		-i（前）	-i（后）	
	半高					o	e			
	中									er
	半低		ê							
	低		（ɑ）		ɑ	（ɑ）				

十三、声母韵母、元音辅音与声调

声母指音节开头的辅音，韵母指音节中声母后面的部分。声母韵母是就音节的结构说的，元音辅音是就音素的性质说的。

声母由辅音构成，所有的声母都是辅音。但不能说凡是辅音都是声母。普通话里有 22 个辅音，有 20 个专为声母。辅音“n”，既作声母，也充当韵尾；辅音“ng”，只是充当韵尾，不作为声母。当然，现代汉语口语中的“n”“ng”也有自成音节的情况。

韵母主要由元音构成，普通话的所有元音都可作韵母。还有一部分韵母是由元音加辅音构成的。例如，ɑn、ɑng、en、eng、ong 等韵母里有辅音“n”或“ng”作韵尾。

声调指音节的高低升降。例如“好”（hǎo），其读法是先降到最低处，然后再升到较高。汉语的调型不外乎平升曲降四种，另外，还有高度及长度的区分。

第三章 谈谈绕口令

第一节 绕口令的功能

绕口令的作用不仅仅是锻炼唇舌力度这么简单，它还可以在锻炼语言基本功方面起到矫正发音部位、促使反应敏捷、用气自如、吐字清晰自如、培养节奏感等重要作用。结合绕口令进行语言基本功的训练不失为一种有趣的练习途径。

绕口令猛地看上去会令人头疼，但其实每一句都有其“译文”。比如“石室诗士施氏，嗜狮，誓食十狮。施氏时时适市视狮。十时，适十狮适市。是时，适施氏适市。施氏视是十狮，恃矢势，使是十狮逝世。氏拾是十狮尸，适石室。石室湿，氏使侍拭石室。石室拭，施氏始试食是十狮尸。食时，始识是十狮尸，实十石狮尸。试释是事。”它的每句话有详细的意思，其“译文”是“石头屋子里有一个诗人姓施，喜欢吃狮子，他发誓要吃掉十头狮子。这位先生经常去市场寻找狮子。这一天十点钟的时候，正好有十头大狮子到了市场。这时候，他正好也到了市场。于是，这位先生注视着这十头狮子，凭借着自己的十把石头弓箭，把这十头狮子杀死了。他扛起这十头狮子的尸体走回石头屋子。石头屋子里很潮湿，先生让仆人擦拭石头屋子。等石头屋子被擦好以后，他开始尝试吃这十头狮子的尸体。当他吃的时候，才识破这十头狮子的尸体，并非真的狮子尸体，实际上是十头用石头做的狮子的尸体。这位先生这才意识到这就是事情的真相。请尝试解释这件事情。”对于一段绕口令中的每一句话，当我们能够理解清楚它的意思时，再进行表达的话，绕口令就不再拗口了。换句话说就是：我要表达的不是文字本身，而是这段文字的意思。

第二节　绕口令应该快读吗

生活中人们总是觉得谁绕口令读得快、准，谁就很厉害。像一些相声演员，他们在表演相声时偶尔会进行绕口令基本功的展示，所以很多人总是以此为训练的目标。其实对于利用绕口令来解决语音问题的人来说，读快恰恰是不可取的。相声演员的快是建立在准确、清晰基础上的快，是带有表演色彩的快。而我们是为了利用绕口令解决实际的语音问题，练习时就应该慢下来，一定要给自己留出充分的时间来进行寻找和判断，用以监测自己的舌位是否正确。

练习绕口令时，大家也可以对旧有的绕口令进行适当改编，用来加大练习强度。比如说“八百标兵奔北坡，炮兵并排北边跑，炮兵怕把标兵碰，标兵怕碰炮兵炮”，可以将其进行三次升级变形。

第一次升级：在每句的每一个字后面加一个“的”字（末位字除外，下同），即“八的百的标的兵的奔的北的坡，炮的兵的并的排的北的边的跑，炮的兵的怕的把的标的兵的碰，标的兵的怕的碰的炮的兵的炮”。

第二次升级：在每一个字后面加一个“了”字，即“八了百了标了兵了奔了北了坡，炮了兵了并了排了北了边了跑，炮了兵了怕了把了标了兵了碰，标了兵了怕了碰了炮了兵了炮”。

第三次升级：将前两次升级内容进行合并，即“八了的百了的标了的兵了的奔了的北了的坡，炮了的兵了的并了的排了的北了的边了的跑，炮了的兵了的怕了的把了的标了的兵了的碰，标了的兵了的怕了的碰了的炮了的兵了的炮”。

还可以先分析清楚一个绕口令是围绕着哪些语音问题展开练习的，在明确这些问题后，以编辑的角度对绕口令进行适当的扩充。比如“真冷真冷真冷真正冷，猛地一阵风更

冷。说冷也不冷，人能战胜风，也能战胜冷”，明显可以看出，这段绕口令是围绕前后鼻音 en 和 eng 的对比练习。这时可以围绕着这个练习目的，对其内容进行进一步的丰富和延展。比如可以改成“真冷真冷真冷真正冷，冷冰冰，冰冷冷。人人都说冷。身冷心冷透心冷，猛地一阵冷风更冷。说冷也不冷，人能战胜风，也能战胜冷”。

其实，绕口令还可以用来训练声母、韵母、声调、变调和对象感，下面再来看一个经典的绕口令《四声歌》。这首绕口令不仅综合性地训练了声、韵、调，在朗读时，还可以站在一个讲述者的角度，向大家娓娓道来普通话的声、韵、调应该怎样学习和练习。

xué hǎo shēng yùn biàn sì shēng　yīn yáng shǎng qù yào fēn míng　bù wèi fāng fǎ xū zhǎo zhǔn　kāi qí hé cuō shǔ kǒu xíng
学好声韵辨四声，阴阳上去要分明。部位方法需找准，开齐合撮属口型。

shuāng chún bān bào bì bǎi bō　dǐ shé dāng dì dòu diǎn dīng　shé gēn gāo gǒu gōng gēng gù　shé miàn jī jié jiào jiān jīng
双唇班抱必百波，抵舌当地斗点钉。舌根高狗工耕故，舌面机结教坚精。

qiào shé zhǔ zhēng zhēn zhì zhào　píng shé zī zé zǎo zài zēng　cā yīn fā fān fēi fēn fù　sòng qì chá chái chǎn chè chēng
翘舌主争真志照，平舌资责早在增。擦音发翻飞分复，送气查柴产彻称。

hé kǒu hū wǔ kū hú gǔ　kāi kǒu hé pō gē ān zhēng　cuō zuǐ xū xué xún xú jù　qí chǐ yī yōu yáo yè yīng
合口忽午枯胡鼓，开口河坡哥安争。撮嘴虚学寻徐剧，齐齿衣优摇业英。

qián bí ēn yīn yān wān wěn　hòu bí áng yíng zhōng yōng shēng　yǎo jǐn zì tóu guī zì wěi　bù nán dá dào chún hé qīng
前鼻恩音烟弯稳，后鼻昂迎中拥生。咬紧字头归字尾，不难达到纯和清。

下面拿两句话来试分析一下。第一句“学好声韵辨四声，阴阳上去要分明”，这里说到的“声”“韵”，就是我们所熟知的声母和韵母。声母也叫字头，它是大家口齿清楚的保证，也是字音发音准确与否的前提。韵母（韵头除外）部分则是字腹和字尾，起圆润饱满、扩大共鸣的作用。学好声韵，也就是借助它们来达成语音标准的目标。但是学好声韵还远远不够，还需要以汉语普通话的四个声调（阴平、阳平、上声、去声）来区别词意。一般情况下，每个音节都是用四个声调来区别词意的。比如：“教师、教室、礁石、校时”“通知、同志、痛指、统治”“山西、陕西、山系”等，同样的音节，由于每个音节念的声调不同，其所表达的意思也不同。第二句“部位方法需找准，开齐合撮属口型”，要想让说出的每一个字的字音都清晰、准确，达到圆润和饱满的效果，就必须找准发音部位，练习好韵母“四呼”。找准发音部位就是要将唇、舌、上腭、齿龈等发音部位和口腔形态摆正，如果大家不注意自己的发音部位是否正确，那么就很容易在说话时出现吃字、吐字不清、平翘舌不分、舌面音尖音化、前后鼻音界限不明等语音系统性缺陷问题。

《四声歌》是一篇温习普通话学习成果的经典材料，同时也是一篇为我们学习和练习普通话提供方法论的经典绕口令材料。大家不妨按照以上思路，给《四声歌》做一个详细的解读，对它背后所蕴藏的知识点进行一一温习，并找出自己的问题加以练习。

绕口令还能用于培养节奏感，不过这里的绕口令所指的范围更广，它不仅包含了一般的绕口令，还包括了贯口、快板词等诸多体裁。下面来看一个例子，这里注意字词之间的抱团趋势和分离趋势，用“/”进行分隔。

天上看，/满天星，/地下看，/有个坑，/坑里看，/有盘冰。

坑外长着/一老松，松上落着/一架鹰，

鹰下坐着/一老僧，僧前点着/一盏灯，

灯前搁着/一部经，墙上钉着/一根钉，

钉上挂着/一张弓。

说刮风，/就刮风，/刮得/男女老少/难把/眼睛睁。

刮散了/天上的星，刮平了/地上的坑，

刮化了/坑里的冰，刮断了/坑外的松，

刮飞了/松上的鹰，刮走了/鹰下的僧，

刮灭了/僧前的灯，刮乱了/灯前的经，

刮掉了/墙上的钉，刮翻了/钉上的弓。

只刮得：/星散、坑平、冰化、松倒、鹰飞、僧走、灯灭、经乱、钉掉、弓翻/还不停，

请来了/玉皇大帝孙悟空，/制服了/风婆/天下宁。

大家听，/听分明，/我说的是个/绕口令，我说的是个/绕/口/令。

第四章

声母——字音响亮的关键

第一节　声母及其发音

一、声母

声母指音节开头的辅音。普通话中有 21 个辅音声母，即 b、p、m、f、d、t、n、l、g、k、h、j、q、x、zh、ch、sh、r、z、c、s。

因为声母是由辅音构成的，所以研究声母的发音也就是研究构成声母的辅音的发音。辅音发音时，气流通过口腔或鼻腔时要受到阻碍，通过克服阻碍而发出声音。因此，可以从发音部位和发音方法这两个方面来研究声母的发音。

二、声母的发音部位

发音部位指的是辅音发音时，发音器官形成阻碍的部位，这些部位可以是双唇、唇齿、舌尖、舌叶、舌面、舌根等。普通话的声母按照发音部位分为以下七大类。

（1）双唇阻，由上唇和下唇构成阻碍而形成的音，有3个，即b、p、m。

（2）唇齿阻，由下唇和上齿构成阻碍而形成的音，只有1个，即f。

（3）舌尖中阻，由舌叶和上齿龈构成阻碍而形成的音，有4个，即d、t、n、l。

（4）舌根阻，由舌根和软腭构成阻碍而形成的音，有3个，即g、k、h。

（5）舌面阻，由舌面和硬腭构成阻碍而形成的音，有3个，即j、q、x。这3个音在发音时舌尖是抵在下齿龈的，如若抵在了下齿背，就会使舌面音变为舌尖音。

（6）舌尖后阻，由舌尖翘起和硬腭构成阻碍而形成的音，有4个，即zh、ch、sh、r。

（7）舌尖前阻，由舌尖和下齿背构成阻碍而形成的音，有3个，即z、c、s。

三、声母的发音方法

声母的发音方法要从以下三个方面来说明。

（一）克服阻碍的方式

按照发音时气流克服阻碍的方式，普通话的声母分为以下五大类。

1. 塞音

发音特点：构成阻碍的两个部位完全闭塞，气流冲破阻碍爆发成声。

例音：b、p、d、t、g、k。

这些音在发音时，口腔内形成完全闭塞，然后气流迅速冲破阻碍，产生爆发声。

2. 擦音

发音特点：构成阻碍的两个部位接近但不完全闭塞，留有一条窄缝，气流通过时产生摩擦声。

例音：f、h、x、sh、r、s。

在发这些音时，发音部位之间留有缝隙，气流通过时产生摩擦，发出特定的声响。

3. 塞擦音

发音特点：发音开始时像塞音，然后像擦音，即先闭塞后摩擦。

例音：j、q、zh、ch、z、c。

在发这些音时，首先口腔内形成完全闭塞，然后气流冲开一条窄缝并挤出，产生摩擦声。

4. 鼻音

发音特点：口腔内构成完全闭塞，但软腭下垂，气流通过鼻腔，同时声带颤动。

例音：m、n。

在发这些音时，口腔内部形成闭塞，但气流通过鼻腔发出，同时声带颤动产生声音。

5. 边音

发音特点：舌尖与齿龈接触形成阻碍，但舌头两侧留有空隙，气流从舌头两侧通过，同时声带颤动。

例音：l。

在发这个音时，舌尖抵住齿龈，但舌头两侧留出空隙允许气流通过，同时声带颤动发声。

（二）气流的强弱

按照发音时呼出的气流的强弱，普通话声母中的塞音和塞擦音分为两大类，即不送气音和送气音。

1. 不送气音

发音时，呼出的气流较弱，即呼出气流仅为口腔中的较小部分气流，这部分气流小到可以“忽略”，因此称为不送气音。不送气音有6个，即b、d、g、j、zh、z。

2. 送气音

发音时，呼出的气流较强，即呼出气流为口腔和胸腔的全部气流。相对于不送气音来看，其呼出气流较强，因此称为送气音。送气音有6个，即p、t、k、q、ch、c。

（三）声带是否颤动

按照发音时声带是否颤动，普通话的声母分为两大类，即清音和浊音。

1. 清音

气流呼出时，声门打开，声带不颤动，发出的音不响亮。

清音有 17 个，即 b、p、f、d、t、g、k、h、j、q、x、zh、ch、sh、z、c、s。

2. 浊音

气流呼出时，颤动声带，发出的音比较响亮。

浊音有 4 个，即 m、n、l、r。

第二节　辅音声母的发音要领及训练材料

将前面讲的声母的发音部位和发音方法结合起来，就可以得出普通话 21 个辅音声母的发音方式。

一、b 双唇阻不送气清塞音

（一）发音要领

在发“b”时，双唇闭合，软腭上升，气流因通路被完全封闭而积蓄起来，然后双唇打开，气流脱口而出，爆发成声。声带不颤动，且送气较弱。

（二）训练材料

1. 单音节

奔　波　摆　布　宝　贝　巴　帮　闭　把　播　杯　伯　崩　般　背　碑　跛　臂
卜　霸　胞　雹　陂　卑　彼　蓖　堡　憋　蹕　镔　髌　弼　襞　篦　箄　标　坝

2. 双音节

斑驳　褒贬　颁布　蚌埠　播报　报备　背部　版本　奔波
不变　爸爸　宝宝　病变　表白　步兵　播报　北部　不必

暴毙　背包　卑鄙　宝贝　报表　褒奖　薄饼　蓓蕾　辨别

3. 绕口令

白壁斑驳伴碧波，伯伯岸边把景捉。碧波白壁相映照，伯伯心中乐如波。

笨笨白熊抱竹竿，宝宝把玩不愿还。白熊宝宝争不休，旁人看来笑开颜。

蚌埠宝宝本领棒，播报新闻嗓门亮。不卑不亢真大气，必定成为好榜样。

贝贝背书包上学去，蹦蹦跳跳不怕苦。半路碰上大暴雨，奔跑回家不怕阻。

宝宝帮爸把报拿，爸爸高兴把宝夸。宝宝爸爸抱一起，幸福时光乐哈哈。

薄薄白纸本无边，宝宝笔下绘斑斓。不描不画不成景，笔耕砚田赛神仙。

蚌埠白猫捕鼠忙，本领高强赛虎狼。保卫粮仓它最棒，百姓生活有保障。

贝贝播报百花开，百鸟齐鸣报春来。百花百鸟齐争艳，大地回春喜气在。

白壁白鹅白如雪，宝宝把玩心喜悦。不踩不踏好好护，白鹅宝宝共欢乐。

宝宝奔跑在田野，白蝶翩翩舞翅斜。宝宝欲捕蝶飞舞，不慎跌倒地上趴。

白猫黑鼻子，黑猫白鼻子；黑猫的白鼻子，碰破了白猫黑鼻子，白猫的黑鼻子破了，剥了秕谷壳儿补鼻子；黑猫的白鼻子不破，不剥秕谷壳儿补鼻子。

扁担长，板凳宽，扁担没有板凳宽，板凳没有扁担长。扁担绑在板凳上，板凳偏不让扁担绑于板凳上。

爸爸抱宝宝，跑到布铺买布做长袍。宝宝穿了长袍不会跑，跑了八步就拉倒了。布长袍破了还要用布补，再跑到布铺买布补长袍。

半边莲，莲半边，半边莲长在山涧边。半边天路过山涧边，发现这片半边莲。半边天拿来一把镰，割了半筐半边莲。半筐半边莲，送给边防连。

白伯伯和白婆婆一起上坡割白菠，白伯伯搀白婆婆，白婆婆扶白伯伯，白伯伯白婆婆把萝卜种子、白菜种子、白薯种子一起播。

伯伯养了一群大白鹅，哥哥喂了三只小白鸽，伯伯教哥哥训鸽，哥哥帮伯伯放鹅。白鹅白鸽长得好，伯伯哥哥乐呵呵。

北边来了一个瘸子，背着一捆橛子。南边来了一个瞎子，背着一个匣子。背橛子的瘸子打了背匣子的瞎子一橛子，背匣子的瞎子也打了背橛子的瘸子一匣子。

八百标兵奔北坡，北坡炮兵并排跑，炮兵怕把标兵碰，标兵怕碰炮兵炮。炮兵穿红

兵袍，标兵穿绿兵袍。炮兵扛大炮，标兵背包裹。炮兵跑步快如飞，标兵跑得也不慢。炮兵、标兵齐努力，锻炼身体为四化。

4. 文段练习

在这个繁忙的都市里，有一群人，每天背负着各种压力和期望，像碑一样坚定，像臂一样支撑着自己的生活。他们不畏苦难，不惧霸凌，像胞亲一样团结一心，共同面对生活中的暴雨风霜。无论是在平凡的岗位上，还是在彼此的竞争中，他们都保持着蓖麻般的韧性，守护着内心的城堡，不让自己因为外界的压力而憋屈。他们行走在跸道上，如同镔铁一般坚韧，髌骨里透露出坚定的力量。在人生的道路上，他们像弼马温一样勤奋努力，用智慧编织出生活的襞褶，用篦子一般细腻的思维解决问题。他们追求着踔勇的精神，永不言败，坚定地向前迈进。

5. 文章练习

巴巴老人

在一个宁静的村庄，巴巴老人住在一间古朴的白墙黑瓦房中。每天清晨，他都会背着一个布包，步行到村庄的北边去采集草药。村庄的北边有一片广袤的森林，森林里草木繁茂，蕴藏着丰富的草药资源。巴巴老人熟知各种草药，他能准确辨别哪些草药能够治疗村民们的常见疾病。

一天清晨，巴巴老人像往常一样，背着布包，踏上了采药之路。他穿过了村庄，沿着一条小路向北走去。不久，他就进入了那片熟悉的森林。森林里弥漫着清新的草木气息，鸟儿在树梢欢快地歌唱，阳光透过树叶的缝隙洒在地上，形成斑驳的光影。

巴巴老人在森林里仔细地寻找着草药。他发现了一株治疗感冒的草药，便小心翼翼地将它挖了出来，放进了布包。接着，他又陆续找到了其他几种草药。每当找到一种草药，他都会露出满意的笑容，因为他知道，这些草药能够帮助村民们缓解病痛。

在采集草药的过程中，巴巴老人还遇到了一些小动物。一只小松鼠在树枝间跳跃，好奇地望着他。一只小鸟停在他的肩头，叽叽喳喳地叫着，仿佛在向他问好。巴巴老人喜欢这些小动物，他总是温柔地对待它们。

当太阳升到了半空中，巴巴老人的布包已经装满了草药。他满意地看着自己的收获，准备返回村庄。在回家的路上，他思考着如何将这些草药配制成有效的药方，为村民们带去健康与希望。

巴巴老人的善举在村庄里被传为佳话。他用自己的医术和仁心，为村民们带来了无尽的温暖。每当有人生病时，他们都会想起那位背着布包、步履蹒跚却坚定向前的巴巴老人。他的形象已经深深地烙印在了村民们的心中。

鲍勃探宝

在一个叫作白云洞的小镇上，有一个名叫鲍勃的小男孩。鲍勃是个聪明活泼的孩子，他对白云洞的一切都充满了好奇心。白云洞是一个神秘的地方，据说这里隐藏着许多古老的秘密和宝藏。鲍勃一直梦想着能探索这个神秘的地方，找到那些传说中的宝藏。

一天，鲍勃和他的好朋友彼得一起计划了一次探险。他们背上背包，带上手电筒和地图，踏上了前往白云洞的冒险之旅。白云洞位于白云山的深处，洞口被茂密的树木遮掩，非常隐蔽。

两个小伙伴在洞里小心翼翼地前行，他们用手电筒照亮前方，仔细观察着洞内的每一个角落。洞内凉爽而潮湿，水滴声不绝于耳。他们发现了许多奇特的石笋和石钟乳，形状各异，犹如大自然的艺术品。

突然，鲍勃发现了一个神秘的石门，门上镶嵌着一把古老的锁。他兴奋地叫来彼得，两人开始琢磨如何打开这把锁。经过一番努力，他们终于解开了谜题，石门缓缓打开，露出了一个隐藏的洞穴。

洞穴里堆满了古老的书籍和奇异的器物，这里似乎是一个被遗忘的宝库。鲍勃和彼得瞪大了眼睛，不敢相信自己的发现。他们小心翼翼地翻阅着书籍，观察着这些器物，试图解开这些宝物的秘密。

就在这时，他们发现了一个布满灰尘的古老木箱。鲍勃轻轻地吹去木箱上的灰尘，小心翼翼地打开它。木箱里装着一张古老的地图和一些神秘的符咒。地图上标注着白云洞深处的另一个秘密宝藏的位置。

鲍勃和彼得相视一笑，他们知道这次的冒险还远未结束。他们收拾好背包，准备继续深入白云洞的深处，寻找那个传说中的宝藏。

在探险的过程中，鲍勃和彼得遇到了许多困难和挑战。有时，他们需要攀爬陡峭的岩壁，有时，他们需要穿越黑暗的地下河流。但是，他们始终保持着勇气和决心，相互扶持，共同面对困难。

最终，他们找到了那个秘密宝藏的位置。宝藏就隐藏在一个巨大的石笋后面，鲍勃和彼得兴奋地挖掘起来。不久后，他们发现了一堆金币和珍贵的宝石，还有一些古老的法器。这些宝藏仿佛见证了白云洞悠久的历史和神秘的传说。

鲍勃和彼得将这些宝藏带回了小镇，并将它们展示给了村民们。村民们惊叹不已，纷纷称赞鲍勃和彼得的勇气和智慧。他们的冒险故事在小镇上广为传诵，成为白云洞的一段佳话。

从此以后，鲍勃和彼得成为小镇上的英雄，他们的友谊也变得更加深厚。他们时常回忆起那次惊心动魄的冒险之旅，感叹着白云洞的神秘和美丽。而他们的故事，也将永远铭刻在白云洞的历史长河中。

二、p 双唇阻送气清塞音

（一）发音要领

双唇闭合，软腭上升，气流因通路被完全封闭而积蓄起来；然后双唇打开，气流脱口而出，爆发成声。声带不颤动，且送气较强。这个过程中，要注意保持声带的松弛，不要让其颤动。在发音时，要避免用力过猛或送气不足。

（二）训练材料

1. 单音节

怕 盘 旁 胖 判 盼 婆 破 批 皮 篇 偏 飘 漂 票 拼 品 坡 普
扑 谱 铺 葡 苹 喷 呸 拍 啪 抛 泡 培 佩 朋 沛 圃 胚 魄 聘

2. 双音节

爬坡 婆婆 偏颇 泡泡 泡沫 澎湃 配备 品牌 琵琶

批评	偏僻	盼盼	批判	频频	普票	频谱	爬坡	攀爬
片片	翩翩	跑偏	枇杷	拍片	平铺	拼盘	乒乓	铺平

3. 绕口令

爬坡婆婆捧苹果，啪啪碰撞怕碰破。

胖胖婆婆排排坐，泡泡飘飘频频破。

盼盼盘盘碰碰响，皮皮偏偏旁边看。

呼呼啪啪拍皮球，飘飘泡泡满天游。

葡萄皮薄怕碰破，婆婆铺纸保护着。

喷喷香扑鼻的比萨，皮皮一口气吃三片。

嘭嘭啪啪放鞭炮，平平安安过大年。

婆婆拼图拼拼看，偏偏碰见大难题。

胖胖捧着一瓶醋，碰碰跌倒洒一地。

乒乓球员频频练，啪啪击球声声响。

一盆面粉做面点，不是点就是馅；不是饼就是条，反正不是大米饭。

葡萄皮儿薄又薄，剥去皮儿吃葡萄；不吃葡萄不吐皮，不吃葡萄也吐皮。

破布头，补破兜，补完破兜补破袄，补完破袄补破被，补来补去不如买新的。

婆婆和嬷嬷，来到山坡坡，婆婆默默采蘑菇，嬷嬷默默拔萝卜。婆婆拿了一个破簸箕，嬷嬷带了一个薄笸箩，婆婆采了半簸箕小蘑菇，嬷嬷拔了一笸箩大萝卜。婆婆采了蘑菇换饽饽，嬷嬷卖了萝卜买馍馍。

炮兵和步兵，边防和内陆，群众和干部，都要学习和运用普通话。

平平盆面，饼饼饼，饼饼圆圆圆又圆；盆盆装饼饼装盆，饼饼进盆盆进饼。

胖胖娃娃，啪啪拍球，皮球砰砰响，胖胖笑哈哈。

啪啪两声打开门，飘飘香气入鼻来，婆婆端来一盘菜，品尝一口真开怀。

嘭嘭嘭，砰砰砰，跑步声音响不停，跑得起劲身体好，健康生活伴你行。

瓶瓶里装着满满的爱，盼盼你早日回来，一起分享这份期待。

坡上坡下种满了苹果，婆婆每天去山坡，精心照料每一棵，盼望秋来好收获。

4. 文章练习

画家盼盼

在一个偏远的小村庄里，住着一个名叫盼盼的小女孩。盼盼一直梦想着能够成为一名出色的画家，她每天都会用心地画画，希望能够通过自己的努力，画出最美的画作。

有一天，村庄外来了一位神秘的画家，他看到了盼盼的画作，大为赞赏。画家告诉盼盼，在村庄北面的山坡上，有一种名为“翡翠绿叶”的植物，用它的叶子能够提炼出最美丽的绿色颜料。听到这个消息，盼盼决定去寻找这种神奇的颜料。

盼盼背起画板和颜料，踏上了前往北面山坡的征程。她穿过了村庄，越过了田野，终于来到了山脚下。眼前的山坡陡峭而崎岖，但是盼盼并没有退缩，她一步步地攀爬着，不断地给自己打气。

在山坡上，盼盼遇到了许多困难。有时，她需要跨过深深的沟壑，有时，她又要攀爬几乎垂直的岩壁。但是，她始终保持着坚定的信念，相信自己一定能够找到那种神奇的颜料。

终于，在山坡的深处，盼盼找到了那种名为“翡翠绿叶”的植物。她小心翼翼地采摘了几片叶子，准备拿回去提炼颜料。在下山的路上，盼盼兴奋地想着自己即将创作出更加美丽的画作，心中充满了期待和憧憬。

回到家后，盼盼开始提炼颜料。经过反复尝试和调整，她终于成功提炼出了美丽的绿色颜料。盼盼用这种颜料创作出了一幅又一幅精美的画作，她的画作变得更加生动和逼真。村庄里的人们都被她的画作所吸引，纷纷前来欣赏和学习。

从此以后，盼盼成为村庄里最受欢迎的画家，她的画作也被越来越多的人所喜爱和珍藏。而那段寻找“翡翠绿叶”的冒险经历，也成为盼盼一生中最难忘的记忆之一。

皮皮的寻宝之旅

在遥远的皮皮岛上，住着一个名叫皮皮的小男孩。皮皮岛上藏有一个古老的传说，说是在岛的最深处，隐藏着一种名为“翡翠之心”的宝石，它拥有神秘的力量。皮皮从小就对这个传说充满了好奇心，他立志长大后一定要找到这颗宝石。

终于，皮皮长大了，他决定开始他的寻宝之旅。他准备了一个大大的背包，里面装满了食物、水和一些必要的工具，然后踏上了旅程。

皮皮首先来到了一个叫作“啪啪峡谷”的地方。据说，只有通过这个峡谷，才能到达“翡翠之心”的所在地。峡谷中充满了危险，但皮皮并不害怕，他勇敢地一步步向前。在峡谷中，皮皮遇到了各种各样的挑战。有时，他需要跳过宽阔的深渊，有时，他又需要攀爬陡峭的山壁。每当遇到困难，皮皮都会咬紧牙关，鼓起勇气去面对。

在峡谷的深处，皮皮发现了一个巨大的石门。石门上刻着一行字：“啪啪开门，宝石自来。”皮皮试着拍了拍石门，石门竟然缓缓地打开了。皮皮激动地走了进去，他发现里面是一个巨大的洞穴，洞穴中央放着一个闪闪发光的宝石，那就是传说中的“翡翠之心”。

皮皮小心翼翼地走上前去，准备拿起宝石。但就在这时，洞穴中突然涌出了一群蝙蝠，它们围着皮皮飞来飞去，试图阻止他拿到宝石。皮皮并不畏惧，他挥舞着手中的工具，勇敢地与蝙蝠战斗。经过一番激战，皮皮终于打败了蝙蝠，拿到了“翡翠之心”。

拿到宝石的那一刻，皮皮感到无比的激动和自豪。他知道，自己终于实现了儿时的梦想。他带着宝石走出了洞穴，准备返回皮皮岛。

在返回的路上，皮皮遇到了许多村民。他们看到皮皮手中的宝石，都惊讶得合不拢嘴。皮皮告诉他们自己是如何经历重重困难且最终找到宝石的。村民们听了都纷纷竖起了大拇指，称赞皮皮是一个真正的勇士。

从此以后，皮皮成为皮皮岛上的英雄。他用自己的行动证明了只要有梦想、有勇气、有毅力，就一定能够实现自己的目标。而那颗“翡翠之心”也成为皮皮岛的镇岛之宝，代代相传。

三、m 双唇阻浊鼻音

（一）发音要领

准备发音时，双唇闭合，同时软腭下降，让气流能够通过鼻腔。发音时，保持双唇紧闭，让气流从鼻腔中流出，同时感受声带的颤动。发音完成后，双唇打开，恢复到自然状态。

（二）训练材料

1. 单音节

妈 麻 马 骂 吗 嘛 埋 买 麦 卖 迈 慢 漫 忙 盲 茫 莽 猫 茅
锚 帽 貌 贸 梅 煤 枚 眉 媒 美 妹 门 闷 梦 蒙 猛 迷 秘 米

2. 双音节

麻木　买卖　盲目　冒昧　美貌　牧民　命名　渺茫　明媚
密码　秘密　弥漫　磨灭　妈妈　慢慢　满满　妹妹　美梦
迷茫　面貌　绵绵　脉脉　曼妙

3. 绕口令

妈妈骑马，马慢，妈妈骂马。

白马白棉花，免得驮回家。

白猫黑鼻子，黑猫白鼻子；黑猫的白鼻子，碰破了白猫黑鼻子，白猫的黑鼻子破了，剥了秕谷壳儿补鼻子；黑猫的白鼻子不破，不剥秕谷壳儿补鼻子。

庙里一只猫，庙外一只猫。庙里猫喊庙外猫，庙外猫叫庙里猫。到底是庙里猫喊庙外猫，还是庙外猫在叫庙里猫？

磨房磨墨，墨碎磨房一磨墨；梅香添煤，煤爆梅香两眉煤。

白米煮成白米饭，白面做成白面馍。白米白面白白做，白吃白喝白忙活。

妈妈爱栽花，爸爸爱种瓜；妈妈栽桃花，爸爸种西瓜；桃花红，红桃花，娃娃脸上笑哈哈；爸爸给我吃西瓜，娃娃心里乐开花。

庙内有只猫，庙外有只猫。庙内猫瞧庙外猫，庙外猫看庙内猫。庙里猫说庙外猫是傻猫，庙外猫说庙里猫是懒猫。

苗苗种了一棵苗，苗苗的苗长得高。苗苗看着长得高的苗，高兴得手舞足蹈。

明明捉了一只鸟，毛毛捉了一条毛毛虫。明明把鸟放在笼子里养，毛毛把毛毛虫放在瓶子里养。

蒙蒙做事没分寸，毛毛做事没分寸。蒙蒙做事没分寸让毛毛很生气，毛毛做事没分寸蒙蒙不生气。

煤堆里有块煤，灰堆里有块灰。煤和灰并不是一堆，请你把它们分清，各归其位。

门外有四匹伊犁马，你爱拉哪两匹就拉哪两匹。

卖炭翁，伐薪烧炭南山中。满面尘灰烟火色，两鬓苍苍十指黑。卖炭得钱何所营？身上衣裳口中食。

苗苗和喵喵在河边捉猫猫，喵喵在苗苗身后躲猫猫。苗苗找不到喵喵，喵喵偷偷看苗苗。

面铺面向南，门上挂着蓝布棉门帘。摘了蓝布棉门帘，面铺面向南；挂上蓝布棉门帘，面铺还是面向南。

4. 文章练习

梦境中的秘密花园

在朦胧的梦境中，我漫步于一片迷人的秘密花园。月光柔和地洒在蜿蜒的小径上，仿佛为这片神秘之地披上了一层银色的纱裳。我沿着小径前行，心中满是好奇与期待。

秘密花园的入口处，两扇古老的铁门紧紧相依，上面爬满了翠绿的藤蔓。我推开门，迎面而来的是一股淡淡的花香，沁人心脾。园内，各色花朵争奇斗艳，紫色的薰衣草、红色的玫瑰、黄色的向日葵……它们仿佛在诉说着各自的故事。

在花园的一角，我发现了一个精美的喷泉。水珠在月光的映照下闪闪发光，如同宝石般璀璨夺目。我静静地坐在喷泉旁，聆听着潺潺的水声，感受着这份宁静与美好。

突然，一阵轻柔的音乐声响起，我抬头望去，只见一个美丽的少女正弹奏着一架古老的钢琴。她的琴声悠扬动听，仿佛诉说着一个遥远而神秘的故事。我被这美妙的旋律深深吸引，仿佛置身于一个童话般的世界。

随着音乐的结束，我也从梦境中醒来。虽然一切只是南柯一梦，但那片秘密花园的美好却深深地印在了我的心中。

迷雾中的冒险旅程

在一个清晨，我踏上了一段迷雾中的冒险旅程。周围弥漫着厚厚的雾气，仿佛将整个

世界都笼罩在了一片朦胧之中。我背着沉甸甸的背包，踏上了崎岖的山路。

沿途中，我遇到了各种奇特的生物和植物，有会发光的蘑菇、会唱歌的鸟儿，还有神秘的独角兽……它们为这个迷雾世界增添了一份神秘与奇幻。

在迷雾的深处，我发现了一座古老的城堡。城堡高耸入云，仿佛诉说着千年的历史与传说。我小心翼翼地推开城堡的大门，一股阴森的气息扑面而来。

在城堡中，我遇到了各种挑战和谜题。有时需要解开复杂的机关，有时需要面对凶猛的怪兽……但每一次挑战都让我更加坚定了前行的决心。

终于，在历经千辛万苦之后，我找到了藏在城堡深处的宝藏。那是一颗璀璨的宝石，闪烁着耀眼的光芒。我将宝石紧紧握在手中，心中充满了喜悦与成就感。

这段迷雾中的冒险旅程虽然充满了未知与危险，但它也让我收获了勇气与智慧。我相信，在未来的日子里，我会变得更加勇敢与坚强。

四、f 唇齿阻清擦音

（一）发音要领

准备发音时，将上齿轻轻接触在下唇上，形成一个窄缝。用适当的气流通过唇齿间的缝隙，让气流受到摩擦而发出声音。在这个过程中，上齿与下唇之间应保持适当的接触，以便形成足够的摩擦来产生声音。保持声带的松弛，不要让其振动。

（二）训练材料

1. 单音节

夫　扶　拂　幅　福　斧　府　腐　辅　父　付　附　妇　负　复　赴　伏　服　浮

符　弗　甫　缚　蜂　峰　枫　疯　封　逢　奉　凤　法　乏　发　罚　阀　珐　砝

2. 双音节

芬芳　飞翔　风俗　房租　防护　反复　反馈　父亲　翻新

仿佛　放松　发放　法规　封闭　分配　分辨　吩咐　分布

非凡　繁华　浮力　抚摸　服气　服刑　服从　复述　法律

3. 绕口令

粉红墙上画凤凰，凤凰画在粉红墙。红凤凰，粉凤凰，粉红凤凰花凤凰。

丰丰和芳芳，上街买混纺。红混纺、黄混纺、粉混纺，看花眼，分不清，只好空手回家去。

飞飞佛佛捉凤凰，凤凰藏在凤山上，飞飞捉黄凤凰红凤凰，佛佛捉粉凤凰黄凤凰。红凤凰黄凤凰粉凤凰，飞飞佛佛头昏眼发花。

风吹灰飞，灰飞花上花堆灰。风吹花灰灰飞去，灰在风里飞又飞。

蜂和熊上山，蜂飞熊慢。熊追蜂飞，蜂绕熊转。山上花香，熊嗅蜂忙。蜂熊山上，欢声笑语长。

多多和哥哥，坐下分果果。哥哥让多多，多多让哥哥。都说要小个，外婆乐呵呵。

走如风，站如松，坐如钟，睡如弓，风、松、钟、弓，弓、钟、松、风，连念七遍口齿清。

缝一条裤子七道缝，斜缝、竖缝和横缝，缝了斜缝缝竖缝，缝了竖缝缝斜缝。

费家有面粉红墙根，黄瓜棚种下棵棵葡萄藤。费家小粉忙浇水，费家小芬勤捉虫。葡萄开花结硕果，葡萄串串赛灯笼。

粉红墙上画凤凰，先画一个红凤凰，再画一个黄凤凰。黄凤凰上面画上红，红凤凰上面画上黄，红黄凤凰相辉映，美丽图画你我爱。

房里飞来一群蜂，嗡嗡叫个不停。小明举起苍蝇拍，用力一打没打着。你拍我也拍，大家来打蜂。打完蜂，再关门，嗡嗡嗡嗡嗡嗡嗡。

缝个花枕套儿，里面装上小绿豆儿。白天我枕着它睡觉，夜里我枕着它护头。

粉红墙上三只凤，三只凤凰在争宠。东边飞来一只龙，西边飞来一只鹰。龙争凤，凤争鹰，粉红墙上更繁荣。

凤凰姊，绣凤凰，绣个金凤凰放金光，绣个银凤凰放银光，绣个粉红凤凰放粉红光，绣个红黄凤凰放红黄光。凤凰姊，绣凤凰，绣出凤凰一双双。

妈妈的手儿巧，拿起针线缝衣裳。缝了裤子缝上衣，缝了上衣缝鞋袜。缝缝补补做衣裳，妈妈真是好榜样。

大帆船，小帆船，竖起桅杆撑开帆。风吹帆，帆引船，帆船顺风转海湾。

方芳和房芳，纺纱又种粮。纺纱赚大钱，种粮为吃饭。方芳和房芳，纺纱种粮两头忙。

4. 文章练习

发现非凡之旅

在一个风和日丽的周末，付飞决定踏上一次非凡之旅。他来自繁华的城市，但总被喧嚣所困扰，于是选择了福建的一个古老村落作为目的地，想要寻找内心的宁静。

付飞抵达后，被这片古朴的村落深深吸引。房屋依旧保持着古老的建筑风格，仿佛时光在这里停滞。他漫步在青石板路上，感受着历史的厚重。村里的居民十分友善，纷纷与他打招呼，仿佛他是久别重逢的亲人。

在村落的一角，付飞发现了一个古老的祠堂。门前立着一块石碑，上面刻着“风氏宗祠”四个大字。他好奇地走进去，只见祠堂内陈设古朴，供奉着风氏的先祖。这里的一切都显得那么神秘而庄重。

与当地村民的交谈中，付飞了解到这个村落有着丰富的历史和传统文化。他们每年都会举办盛大的风俗活动，以纪念先祖和祈求丰收。付飞被邀请参加即将举行的丰收节庆典，他欣然接受了邀请。

庆典当天，村民们穿着节日的盛装，载歌载舞，欢庆丰收。付飞也被邀请上台，与村民们一起分享这份喜悦。他感受到了从未有过的快乐和归属感。

这次旅行让付飞深刻体会到了传统文化的魅力。他发现，在这个古老的村落里，人们的心灵是如此纯净和善良。他决定以后要经常来这里，与村民们共度更多美好的时光。

回到城市后，付飞将这次旅行的经历分享给了身边的朋友们。他们都被这个美丽而神秘的村落所吸引，纷纷表示要亲自去体验一番。

风中追寻的芬芳

在遥远的古代，有一个神秘的国度，名叫“风香国”。这个国家以盛产各种奇异花草而闻名于世。其中最受人们喜爱的便是一种名为“风芬草”的植物，它的花香能随风飘荡于千里之外，让人心旷神怡。

风香国的小公主菲菲对这种神奇的花草充满了向往。她从小就听闻风芬草的传说，但从未亲眼见过。于是，她决定踏上寻找风芬草的旅程。

菲菲带上了她最信任的侍卫方福，两人一同踏上了这段未知的旅程。他们穿过了茂密的森林，越过了险峻的山川，只为了找到那传说中的风芬草。

在旅途中，他们遇到了各种各样的挑战。有一次，他们在一座险峻的山峰上遭遇了猛烈的暴风雨。但菲菲和方福并没有放弃，他们互相扶持着，勇敢地穿越了暴风雨。

终于，在一个月黑风高的夜晚，他们来到了一个神秘的山谷。山谷中弥漫着浓郁的芬芳气息，令人陶醉。菲菲和方福知道，他们终于找到了风芬草的所在地。

他们小心翼翼地采摘了几株风芬草，准备带回风香国。在返回的路上，他们遇到了许多困难，但凭借着坚强的意志和彼此的支持，他们成功地回到了故乡。

菲菲将风芬草献给了国王和王后，整个国家都为之欢庆。人们纷纷感叹菲菲和方福的勇敢、毅力，他们的故事也成为风香国的传奇。

从此以后，菲菲和方福成为风香国的英雄。他们不仅为人们带来了神奇的风芬草，更让人们看到了勇气、坚持和友谊的力量。

五、d 舌尖中阻不送气清塞音

（一）发音要领

准备发音时，将舌叶紧紧抵住上齿龈，蓄积气流；然后迅速将舌叶向下移动，离开上齿龈，使气流爆破而出，发出声音。发音过程中，要确保舌叶紧紧抵住上齿龈，以形成足够的阻碍。舌叶向下离开上齿龈的动作要迅速，以便产生清晰的爆破音。在发音过程中，声带应保持松弛，不要让其颤动。

（二）训练材料

1. 单音节

搭 达 打 大 夺 躲 德 跌 叠 低 笛 抵 地 断 墩 囤 光 缎 读

点　逗　斗　兜　冻　调　端　度　肚　棣　搭　当　刀　丹　岛　垫　顶　订　督

2. 双音节

等待　抵达　弟弟　地点　地面　电动　电灯　雕刻

店铺　调度　道德　得到　当代　带动　单独　担当

滴答　颠覆　掂量　鼎鼎　淡定　顶端　奠定　抵达

3. 绕口令

大兔子，大肚子，大肚子的大兔子，要咬大兔子的大肚子。

门口吊刀，刀倒吊着。

断断续续，读读停停。

敦敦实实，跌跌撞撞。

大哥有大锅，二哥有二锅。大哥要换二哥的二锅，二哥不换大哥的大锅。

大道边，一地摊，卖碟片，有单碟，有双碟，还有 DVD，碟碟不同，价格各异。

会炖我的炖冻豆腐，来炖我的炖冻豆腐，不会炖我的炖冻豆腐，就别炖我的炖冻豆腐。要是混充会炖我的炖冻豆腐，炖坏了我的炖冻豆腐，那就吃不成我的炖冻豆腐。

大刀对单刀，单刀对大刀，大刀斗单刀，单刀夺大刀。

调到敌岛打特盗，特盗太刁投短刀，挡推顶打短刀掉，踏盗得刀盗打倒。

多多和哥哥，坐下分果果。哥哥让多多，多多让哥哥。都说要小个，外婆乐呵呵。

兜里装豆，豆装满兜，兜破漏豆。倒出豆，补破兜，补好兜，又装豆，装满兜，不漏豆。

东边来了一只小山羊，西边来了一只大灰狼，一起走到小桥上，小山羊不让大灰狼，大灰狼不让小山羊，小山羊叫大灰狼让小山羊，大灰狼叫小山羊让大灰狼，羊不让狼，狼不让羊，扑通一起掉到河中央。

大婆子是一个驼子，小婆子是一个跛子，大婆子嘲笑小婆子是一个跛子，小婆子嘲笑大婆子是一个驼子。

颠倒话，话颠倒，石榴树上结辣椒。东西大路南北走，碰见兔子去咬狗。拿住狗，打砖头，砖头咬住我的手。

丁丁和当当，一同去买糖。丁丁买了七根棒棒糖，当当买了八根棒棒糖。丁丁当当棒棒糖，棒棒糖果甜又香。

斗放豆，豆满斗，斗满豆，豆爆斗。

独坐凳上练刀功，大刀小刀磨锋利。但见眼前刀光闪，不知刀落何方向。

笛子笛子嘀嘀嘀，笛子笛子哒哒哒。嘀嘀嘀哒哒哒，嘀哒嘀哒嘀嘀哒。

4. 文章练习

稻田守望者

在得天独厚的江南水乡，稻田如金色的织锦般铺展，每当秋风起时，稻穗随风轻轻摇曳，散发出淡淡的稻香。这里的人们多以种植水稻为生，而李老汉是这片土地上最勤奋的农夫之一。

李老汉得的这片稻田，地处于村子的东边，土壤肥沃，水源充沛。每天天刚蒙蒙亮，他就会提着锄头，背着水壶，踏入这片他心爱的土地。他深知，只有精耕细作，才能得到丰厚的回报。

稻田里，李老汉忙碌的身影成为一道独特的风景线。他低头仔细观察着每一株稻苗，小心翼翼地除去杂草，确保每一棵稻苗都能得到充足的养分。他的双手布满了老茧，那是他多年辛勤劳作的印记。

转眼间，秋天来临，稻穗变得金黄诱人。李老汉的脸上露出了欣慰的笑容，因为他知道，今年的收成一定会很好。他站在田埂上，望着眼前这片金色的海洋，心中充满了满足和自豪。

果然，到了收获的季节，李老汉的稻田产量比其他人的都要高。他将稻谷运回家中，晾晒、脱粒、筛选，每一步都亲力亲为。最后，他将一袋袋饱满的稻谷储存在仓库里，等待着卖个好价钱。

李老汉用他的勤劳和智慧，在这片土地上创造了一个又一个丰收的奇迹。他深知，只有脚踏实地、勤勤恳恳地工作，才能赢得生活的馈赠。

登山之路

在遥远的北方，有一座高耸入云的山峰，名叫“登天峰”。这座山峰因其险峻和神秘

而吸引了无数的登山爱好者。

小明是一个热爱户外运动的年轻人，他一直梦想着能够征服这座登天峰。终于，在一个阳光明媚的早晨，他背起行囊，踏上了这段充满挑战的登山之路。

一路上，小明遇到了各种各样的困难。有时，他需要在光滑的岩石上攀爬；有时，他需要穿越茂密的森林；还有时，他需要面对突如其来的暴风雨。但是，他从未放弃过，他始终坚信自己能够成功登顶。

在攀登的过程中，小明结识了许多志同道合的伙伴。他们互相鼓励、互相帮助，共同面对前方的艰难险阻。每当遇到困难时，他们都会紧紧握住彼此的手，给予对方勇气和力量。

经过数天的艰苦跋涉，小明和他的伙伴们终于站在了登天峰的顶峰。他们俯瞰着脚下的群山和远方的平原，心中充满了喜悦和自豪。他们知道，这段旅程虽然充满了艰辛和挑战，但也让他们收获了成长和友谊。

小明站在山顶上，感受着山顶的清风和阳光。他回想起这段旅程中的点点滴滴，心中感慨万千。他知道，这次登山之旅不仅让他实现了自己的梦想，还让他学会了坚持和勇敢。他相信，在未来的日子里，无论遇到什么困难和挑战，他都会勇往直前、坚持不懈地追求自己的梦想。

六、t 舌尖中阻送气清塞音

（一）发音要领

准备发音时，舌叶抵住上齿龈，憋住气，同时软腭上升，堵塞鼻腔通道。发音时，舌叶突然下降，使较强的气流冲破舌叶和上齿龈的阻碍，爆破成声。在发音过程中，要确保舌叶紧紧抵住上齿龈，以形成足够的阻碍。舌叶下降的动作要迅速且干脆有力，以便产生清晰的爆破音。声带应保持松弛，不要颤动，确保发出的是清辅音。

（二）训练材料

1. 单音节

塔　踏　胎　抬　台　泰　掏　涛　躺　堂　烫　逃　桃　讨　套　藤　特　踢　提

添 天 条 跳 贴 铁 厅 听 挺 通 桐 筒 透 突 图 团 推 退 吞

2. 双音节

天地　天堂　天天　听听　停停　跳跳　婷婷　探听

忐忑　倜傥　淘汰　偷偷　疼痛　饕餮　梯田　挑剔

忝列　体贴　倜然　替代　厅堂　坦白　逃脱　团体

3. 绕口令

婷婷和明明，同行不同龄。婷婷比明明，年龄大两岁。

大兔子，大肚子，大肚子的大兔子，要咬大兔子的大肚子。

谭家谭老汉，挑着一担炭去炭摊卖炭，老杜杜老汉，提着一袋土豆来找炭摊买炭，炭摊过磅记账请老汉，老杜他错认老谭是炭摊，老谭他闲站观看化炭炉炼炭，老杜气呼呼找老谭论理，老谭说没炭可卖，老杜说买了炭才能回家取土豆款，老谭收摊老杜气走，老谭背起炭去杜家谈买卖土豆。

天上一个盆，地上一个棚。盆碰棚，棚碰盆，棚倒了，盆碎了，是棚赔盆还是盆赔棚。

团团如果跌一跤，几个举刀向他跑。

调到敌岛打特盗，特盗太刁投短刀，挡推顶打短刀掉，踏盗得刀盗打倒。

断头台倒吊短单刀，歹徒登台偷单刀，断头台塌盗跌倒，对对单刀叮当掉。

藤条头上顶，挺碗挺肩挺。

停！停！停！忽然听到一声喊，同学还要往回转。

天天天天，天气不错；提提提提，提心吊胆。

特长班探讨投稿题，投稿需要天天投。

同同同同同同，天天都要一同上学。

土豆甜，甜土豆，偷偷甜到你心头。

天通通的通天大道，跳跳跳就能通天高。

铁塔亭亭甜又甜，偷偷告诉亭亭铁生铁。

婷婷天天图图画，图图天天讨婷婷。

甜筒甜甜筒中筒，筒筒甜甜同甜同。

潭水深千尺，滔滔同向前。

桃子偷偷甜又甜，偷偷送给婷婷餐。

跳跳舞舞跳跳跳，天天舞舞天天跳。

4. 文章练习

特斯拉的创新之路

近年来，电动汽车巨头特斯拉在全球范围内引领了一场交通革命的浪潮。作为一家以创新和可持续性为核心的公司，特斯拉凭借其先进的电池技术、智能驾驶系统及独特的设计理念，成为汽车行业的佼佼者。

特斯拉的创始人埃隆·马斯克是一个充满激情和创新精神的企业家。他深知传统汽车行业对环境的负面影响，因此决心打造一款高效、环保的电动汽车。马斯克带领团队不断攻克技术难题，最终推出了特斯拉的第一款电动汽车。

特斯拉的成功并非一蹴而就。在初创期，特斯拉面临着巨大的资金压力和技术挑战。然而，马斯克和他的团队凭借着坚韧不拔的精神，一次次突破困境，将特斯拉打造成为全球知名的电动汽车品牌。

如今，特斯拉的电动汽车已经走进了千家万户，为环保事业作出了巨大贡献。特斯拉的成功案例告诉我们，只要敢于创新、勇于挑战，就能够引领行业变革，创造美好的未来。

“天问一号”探测器的火星之旅

2020 年 7 月 23 日，中国首次火星探测任务“天问一号”探测器成功发射升空，正式开启了中国的火星探测之旅。这是中国航天事业的重要里程碑，标志着中国在深空探测领域取得了新的突破。

“天问一号”探测器的目标是探索火星的大气层、地形地貌及潜在的生命迹象。为了实现这一目标，探测器搭载了多种科学仪器，包括高分辨率相机、光谱仪等。这些仪器将对火星进行全面观测和分析，为我们揭示火星的神秘面纱。

在火星探测任务中，科技人员发挥着举足轻重的作用。他们经过长时间的研发和测试，确保探测器的各项性能指标达到最佳状态。同时，他们还要对探测器进行精确的轨道设计和飞行控制，确保探测器能够准确抵达火星并开展工作。

“天问一号”探测器的成功发射和火星之旅展示了中国在航天领域的实力、成果。这次探测任务不仅有助于我们更深入地了解火星，还将为人类探索宇宙提供宝贵的数据和经验。

七、n 舌尖中阻浊鼻音

（一）发音要领

发音时，嘴唇不闭，舌叶抬起完全贴合上齿龈，软腭下垂，让气流从鼻腔发出。同时，声带颤动发出声音。

（二）训练材料

1. 单音节

那 拿 哪 纳 乃 奶 耐 南 男 难 能 泥 你 尼 逆 年 念 娘 鸟
尿 捏 您 妞 牛 扭 农 浓 弄 奴 努 怒 女 暖 诺 内 宁 拟 聂

2. 双音节

恼怒 奶娘 泥泞 逆行 农历 暖男 能耐
拿捏 忸怩 南宁 娘娘 牛奶 年内 牛年

3. 绕口令

奶牛牛奶两不同，牛奶产自奶牛中。奶牛吃草草变奶，牛奶更加香浓浓。

南边来了两队雁，一队雁往北飞，一队雁往南飞，半路上碰见个人字队，不知多少雁归队。

奶奶拿了一个大南瓜，大大拿了一个大喇叭。奶奶拿南瓜换大大手里的喇叭，大大不愿拿喇叭换了奶奶手里的大南瓜。

娜娜拿泥捏泥牛，泥牛难捏捏泥扭。泥牛捏好真好看，娜娜笑容满面露。

奶奶年近八十八，拿起南瓜做粑粑。手拿粑粑喂娃娃，娃娃吃得笑哈哈。

你说难得难，道是真的难。只要下功夫，其实并不难。

鸟年鸟念鸟鸟念，年年念鸟年年念。鸟念年年年念鸟，念鸟年年念年年。

年年有鱼年年富，年年捕鱼年年富。鱼富年年有鱼捕，年年捕鱼鱼富余。

闹市南头有南门，南面有个南园门。南园门里有南园，南园里面有花盆。

南南有个篮，篮篮装着盘盘碗碗和碟碟。南南端起篮篮扣了个严严实实，篮篮里的碗碗碟碟紧紧靠靠不分离。

奶奶磨面做白馍，白馍甜又香。奶奶忙了一天累又乏，做完白馍早早去休息。

那天那地那人那事，难忘难舍难分难离。今日今时今情今景，珍藏珍重珍惜珍念。

能拿能拿，能拿几拿就拿几拿。不能拿就别拿，拿了也白拿。

泥里捏个泥娃娃，娃娃泥里笑哈哈。你看娃娃笑哈哈，娃娃看你乐开花。

奶奶年纪大，爱说老话儿。那天她拿着那把老芭蕉扇，边扇边说："老话儿说得好，人过留名，雁过留声。"

南面来个瘸子，腰里别着个橛子，北边来个矬子，肩上挑着担茄子。别橛子的瘸子要用橛子换挑茄子的矬子的茄子，挑茄子的矬子不给别橛子的瘸子茄子。别橛子的瘸子抽出腰里的橛子打了挑茄子的矬子一橛子，挑茄子的矬子拿起茄子打了别橛子的瘸子一茄子。

浓浓雾气浓浓烟，浓浓灰雾落山间。浓浓灰雾岩间落，浓浓雾气山间烟。

奶奶去南楼，买了两斤藕。手拿两斤藕，走到半路后。偶遇好朋友，一起去喝酒。酒后有糊涂，忘了拿斤藕。回家才发现，藕还没拿走。急忙往南走，寻找那斤藕。

牛郎年年恋刘娘，刘娘连连念牛郎。牛郎恋刘娘，刘娘念牛郎，郎恋娘来娘念郎。

4. 文章练习

难忘的南京之行

南京，这座古老而又充满活力的城市，一直是我向往的地方。终于，在一个阳光明媚的周末，我踏上了前往南京的列车，开始了一段难忘的旅程。

抵达南京后，我首先来到了著名的南京城墙。这座城墙见证了历史的沧桑，每一块砖都仿佛在诉说着古老的故事。我沿着城墙漫步，感受着这座城市厚重的历史底蕴。

接着，我来到了南京大报恩寺。这座寺庙历史悠久，是南京的文化地标之一。在寺庙内，我看到了精美的佛像和壁画，感受到了佛教文化的博大精深。此外，寺庙内的和平钟也让我印象深刻，它象征着和平与安宁，让我感受到了南京人民的友好与善良。

晚上，我来到了南京的夫子庙景区。这里灯火辉煌，人头攒动。我品尝了南京特色的美食，如鸭血粉丝汤、小笼包等，美味可口，让我流连忘返。此外，我还欣赏了秦淮河的夜景，河面上的游船和两岸的古建筑交相辉映，美不胜收。

这次南京之行让我深刻感受到了这座城市的魅力和历史文化底蕴，南京的美景、美食和人民都让我难以忘怀。我相信，在未来的日子里，我还会再次踏上这片美丽的土地，继续探索南京的奥秘。

那位难忘的邻居

在我小时候的住宅区里，有一位令人难忘的邻居——娜娜阿姨。她不仅热情好客，还乐于助人，深受大家的喜爱。

娜娜阿姨是一位勤劳的家庭主妇，她总是把家里打扫得井井有条。每当节假日来临，她都会亲手制作美味的糕点，送给邻居们品尝。那些糕点不仅外观精致，而且口感极佳，让人回味无穷。

除了擅长烹饪，娜娜阿姨还是一位热心的志愿者。她经常参与社区组织的公益活动，为需要帮助的人提供援助。无论是捐款捐物，还是照顾孤寡老人，她总是冲在最前面。

我记得有一次，社区里的一位独居老人突然生病住院了。娜娜阿姨得知消息后，立刻组织邻居们前往医院探望，并送去了慰问品和祝福。她还主动承担起照顾老人的责任，每天为老人送去可口的饭菜和温暖的关怀。

娜娜阿姨的善良和热心让我深受感动。她用自己的实际行动诠释了“远亲不如近邻”的道理。如今，我已经搬离了那个住宅区，但娜娜阿姨的形象依然深深地印在我的脑海中。每当我回想起那段美好的时光，心中都充满了感激和怀念。

八、l 舌尖中阻浊边音

（一）发音要领

发音时，软腭与小舌需上挺，堵住鼻腔通道，防止气流通过鼻腔。舌尖呈卷起的状态，抵住上齿龈（或上齿龈后部），构成阻碍。舌体后收，同时舌两边放松，留下缝隙以供气流通过。肺里呼出的气流振动声带，进入口腔后从舌体前两边流出，发出声音。

（二）训练材料

1. 单音节

来　零　里　啦　楼　六　了　李　刘　老　连　拉　类　林　路　罗　两　龙　率
量　利　蓝　离　力　令　雷　梁　脸　陆　论　累　列　领　列　洛　卢　狼　联

2. 双音节

流浪　玲珑　伶俐　力量　流露　磊落　寥寥　留恋　冷落
联络　嘹亮　篱落　累累　亮丽　履历　缕缕　领略　凌厉
理论　沥沥　呖呖　涟漪　吕梁　琳琅　轮流　浏览　来临

3. 绕口令

老李拉了一车梨，老刘拉了一车栗。老李的梨换了老刘的栗，老刘的栗换了老李的梨。

丽丽拎了两只梨，乐乐拿了两只梨。丽丽和乐乐的梨，一起放在地上比。

玲玲买来零玲珑，铃铃拿来灵龙果。玲玲和铃铃，零玲珑和灵龙果，哪个更玲珑？

六十六岁的老刘头，养了六十六只大花牛。六十六只大花牛，在老刘头后头走。

柳林里有六十六只流浪鹿，六十六只鹿在柳林里住。

篮里放了个玲珑梨，玲珑梨里有只小虫梨。小虫梨咬了玲珑梨，玲珑梨变成了空空梨。

楼上有六十六根琉璃柱，楼下有六十六只琉璃壶。琉璃柱上琉璃珠，琉璃壶里琉璃露。

梨树下面六只鹿，六鹿留恋绿梨树。绿梨树上六只梨，梨鹿相伴不离去。

郎里郎当拎铃铛，玲玲琅琅逛林场。林场里面铃铛响，铃铛林场两相望。

乐乐拎了两篮梨，丽丽拿了两篮栗。乐乐的两篮梨比丽丽的两篮栗多，丽丽跟乐乐换了一篮栗。

老狼老狼拉车忙，拉了六十六筐粮。老狼累了想躺躺，发现粮筐少一筐。

露露拉了一根绿萝线，绿绿拉了一根罗罗线。露露的绿萝线比绿绿的罗罗线长，绿绿的罗罗线比露露的绿萝线短。

玲玲和丽丽，拉手去买梨。玲玲买了六斤梨，丽丽买了六斤李。

兰兰拉着玲玲的手，玲玲拉着兰兰的手。兰兰玲玲手拉手，一起走到路口头。

丽丽和玲玲，两人去旅行。丽丽拉着旅行箱，玲玲拎着小手提。

老虎和老鼠，老树底下住。老虎撵老鼠，老鼠上老树。老虎上不去，老鼠下不来。

莲莲领着弟弟去连理田，连连看到连理枝上莲。弟弟想摘连理莲，莲莲连忙拉住他。

梨树下面一堆泥，泥里藏着小蛐蛐。丽丽来找小蛐蛐，蛐蛐跳进泥里去。

老刘有只大肥牛，老牛拉了一堆牛粪球。老刘嫌牛粪球臭，老牛嫌老刘瘦。

玲玲拿了个小篮子，篮子里装了个梨子。丽丽拿了个大梨子，丽丽跟玲玲换梨子。

4. 文章练习

老李的北京胡同游

老李是个地道的北京人，他对于这座城市的大街小巷了如指掌，但唯独对胡同充满了特殊的情感。每次走在那些狭窄而又充满历史感的胡同里，他都能感受到一种别样的韵味。

今天，老李决定带着外地来的朋友小林，一起游览北京最有特色的胡同——锣鼓巷。一走进锣鼓巷，仿佛就走进了一个古老而又充满生活气息的小世界。两旁的房屋依旧保持着那种古朴的风格，门前的小院里，老人们围坐在一起聊天，孩子们在旁边嬉戏。

老李边走边向小林介绍着这里的历史和文化。他指着一家门前挂着的红灯笼说：“这

家店的烤鸭是北京一绝，每次路过这里，我都能闻到那股香气。”小林听后，忍不住咽了咽口水，表示一定要尝尝。

两人继续往前走，来到了一个宽阔的四合院前。老李告诉小林，这里曾是一位著名京剧艺术家的故居。他们走进院内，只见院子里种满了花草。老李指着那些斑驳的墙壁说：“这些墙壁上，都留下了历史的痕迹。”

游览完胡同，老李和小林来到了一家有名的北京小吃店。老李点了一碗炸酱面，小林则选择了一碗热腾腾的羊肉泡馍。两人边吃边聊，小林感叹道：“这次来北京真是不虚此行，多亏了你的带领。”老李听后，露出了满意的笑容。

这次胡同游，不仅让小林领略了北京独特的文化魅力，也让老李重新感受到了这座城市的温暖和亲切。

丽水的青山绿水之旅

丽水，一个隐藏在浙江山水间的美丽小城，以其秀美的自然风光而闻名。琳达一直听闻丽水的山水之美，这次终于有机会亲身体验。

抵达丽水的第一天，琳达就迫不及待地前往了著名的云和梯田。站在观景台上，她眺望远方，层层叠叠的梯田与周围的绿水青山相映成趣，仿佛一幅绝美的田园画卷。琳达深深吸了一口新鲜的空气，感到心旷神怡。

在游览梯田的过程中，琳达偶遇了一位当地的导游，名叫李昊。李昊热情地向琳达介绍了云和梯田的历史和特色，还分享了许多当地的趣闻轶事。琳达听得津津有味，对这片土地的故事和文化有了更深的了解。

接下来的几天，琳达在李昊的带领下，继续探索丽水的其他景点。他们一起攀登了南明山，欣赏了壮丽的丹霞地貌；一起漫步在古堰画乡，感受了古朴的乡村风情；一起探访了神秘的畲族村落，领略了独特的民族文化。

在旅途中，琳达和李昊成了无话不谈的朋友。他们分享着彼此的故事和经历，也一起品味着丽水的山水之美。琳达发现，原来旅行不仅仅是为了看风景，更是为了遇见不同的人和事，丰富自己的人生阅历。

这次丽水之旅，让琳达深刻体会到了大自然的鬼斧神工和人文的独特魅力。她感谢这次旅行，更感谢在旅途中遇见的李昊和所有美好的风景。

九、g 舌根阻不送气清塞音

（一）发音要领

发音时，舌根抬高，抵住软腭，形成阻碍（这时舌尖会轻触下齿龈），然后突然放开，让气流爆破而出。声带不颤动，发出的是清辅音。

（二）训练材料

1. 单音节

嘎 甘 肝 杆 高 歌 革 葛 个 根 更 工 公 功 宫 恭 拱 共 钩

构 购 古 谷 股 固 姑 顾 瓜 刮 挂 拐 怪 关 管 馆 贯 广 归

2. 双音节

更改 刚刚 感官 尴尬 国歌 各个 谷歌 哥哥 改革

广告 公共 公告 规格 该国 各国 乖乖 更高 狗狗

巩固 高管 公公 姑姑 观光 格格 公关 故宫 挂钩

3. 绕口令

哥哥挎筐过宽沟，快过宽沟看怪狗，光看怪狗瓜筐扣，瓜滚筐扣哥怪狗。

八百标兵奔北坡，炮兵并排北坡跑，炮兵怕把标兵碰，标兵怕碰炮兵炮。

粉红墙上画凤凰，凤凰画在粉红墙。红凤凰，粉凤凰，粉红凤凰黄凤凰。

哥挎瓜筐过宽沟，过沟筐漏瓜滚沟。隔沟挎筐瓜筐扣，瓜滚筐空哥怪沟。

瓜棚挂瓜，瓜挂瓜棚。风刮瓜，瓜碰棚。风刮棚，棚碰瓜。

老谭挑着一担炭去炭摊卖炭，老杜挑着一担蛋去蛋摊卖蛋。半道老杜招呼老谭聊起炭蛋，老谭耽搁了卖炭急得挑起炭担，不料炭担撞着了老杜的蛋担，破了一担蛋。老谭没有卖成炭，老杜更是赔了蛋。

姑姑有张大鼓，姑姑在鼓上放只古虎，古虎撞了大鼓，破了姑姑的大鼓，姑姑拿布

来补。

锅里煮猪肉，肉里包着骨，取肉去猪骨，放上一点醋，都吃熟猪肉。

哥哥拿着个黑盒，弟弟拿着个黑鹤，黑盒装着个黑核，黑鹤啄破黑盒，取出里面的黑核。

逛逛公园，看看奇观，静静湖面，有水有船，岸边观看，风景万千。

姑姑扛个鼓，姑父背个谷，鼓谷一起住，姑姑嫌姑父的谷脏，姑父嫌姑姑的鼓响。

瓜地有瓜，花地有花。瓜地没有花，花地没有瓜。瓜地有花瓜地香，花地有瓜花地香。

过路客人问老陈，前面可有住宿村？老陈指看远处村，过了前面有小村。

古时有个糊涂人，名叫糊里糊涂身，他手拿一只混浊壶，误把混浊当糊涂。

高高山上一根藤，藤条头上挂铜铃，风吹藤动铜铃动，风息藤静铜铃静。

哥哥弟弟坡前坐，坡上卧着一只鹅，坡下流着一条河，哥哥说宽宽的河，弟弟说白白的鹅。鹅要过河，河要渡鹅。不知是鹅过河，还是河渡鹅。

阁上一窝鸽，鸽渴叫咯咯。哥哥登阁搁水给鸽喝，鸽子喝水不渴不咯咯。

哥哥挂钩，钩挂哥哥刚穿的白小褂儿。姑姑隔着隔扇去钩鼓，鼓高姑姑难钩鼓，哥哥帮姑姑去钩鼓，姑姑帮哥哥把小褂儿补。

4. 文章练习

故乡的变迁

我的故乡，位于赣江边的一个小镇——古镇。古镇这些年的变化可谓是翻天覆地，特别是镇中心那条古老的街道——古街。

古街两旁，原先那些低矮破旧的土坯房，如今已被一幢幢高耸的商住楼所替代。我记得小时候，每当夜幕降临，古街上便灯火阑珊，家家户户的窗户里透出昏黄的光。而现在，古街两旁的商铺灯火通明，霓虹灯闪烁，即便是深夜也热闹非凡。

古镇的变迁，也带来了人们生活的改变。记得那时，镇上的人们多半靠种田和养鱼为生，日子虽然清苦但也简单快乐。如今，随着古镇的旅游开发，很多居民都开起了小店，有的卖手工艺品，有的开餐馆，生活越来越富裕。

古镇的交通也有了很大的改善。过去，从古镇到县城要走上好几个小时的山路，现在则有了宽敞的柏油路，开车仅需几十分钟。古镇的孩子们也有了更好的教育环境，新的教学楼、图书馆、体育场，一应俱全。

但古镇的变迁也带来了一些问题。随着游客的增多，古镇的环境问题也日益突出。一些古老建筑因为旅游开发而遭到了破坏，这让很多老一辈的古镇人感到痛心。

古镇在变，但有些东西是不变的，古镇人的热情好客、勤劳朴实依旧如初。每当有游客来到古镇，他们总是热情地介绍这里的风土人情，让游客感受到家的温暖。

古镇，我的故乡，你在变迁中焕发新的生机，也承载着游子深深的乡愁。

一位老工匠的坚守

在古镇的一角，有一位名叫葛老师傅的老工匠。他从事木工手艺已经几十年了，是镇上远近闻名的木匠。

葛老师傅的工作室里，摆满了各式各样的木制品，从精致的木雕摆件到实用的家具，每一件都透露出匠人的心血。随着机械化生产的普及，手工木工制品的市场越来越小，但葛老师傅依然坚守着他的手艺。

他说："木工不仅仅是一门手艺，更是一种传承。"他希望能通过自己的努力，让更多的人了解和欣赏到传统木工的魅力。

尽管市场不景气，但葛老师傅从未想过放弃。他依然每天早早起床，到工作室开始他一天的创作。他用手中的锯子、刨子和雕刻刀，将一块块普通的木头变成精美的艺术品。

古镇上的居民都很尊敬葛老师傅，他们认为他是古镇的瑰宝，是传统文化的传承者。每当有人家需要定制家具或者木雕时，都会来找葛老师傅。

随着古镇旅游的开发，越来越多的游客来到葛老师傅的工作室，对他的木工制品赞不绝口。这让葛老师傅倍感欣慰，他觉得自己的坚守得到了认可。

葛老师傅说："我希望能有更多的人加入到传统手工艺的传承中来，让我们的文化得以延续。"他的话语中充满了对传统文化的热爱和对未来的期许。

十、k 舌根阻送气清塞音

（一）发音要领

发音时，舌根抬高，抵住软腭，形成阻碍（这时舌尖会轻触下齿龈），然后突然放开，让气流（比 g 呼出的气流要强）爆破而出。声带不颤动，发出的是清辅音。

（二）训练材料

1. 单音节

凯　坤　康　科　克　开　宽　魁　侃　空　扣　阔　块　蝌　课　客　渴　可　砍

看　卡　考　抗　快　亢　旷　矿　堪　慷　库　飒　恺　锴　垲　铠　剀　阃　揩

2. 双音节

看看　开矿　旷课　开口　可靠　可口　坎坷　开阔　刻苦

扣款　苛刻　开课　慷慨　快看　看客　开孔　口渴　库克

科考　宽阔　开垦　夸克　空旷　困苦　空客　空壳　克扣

3. 绕口令

口渴就喝白开水，别喝可乐和汽水。开水独特又纯粹，清洁身体不受累。

肯看肯听肯用心，课堂学习有信心。苦口婆心讲知识，勤学苦练得高分。

开开心心去上班，快快乐乐把活干。克服困难争上游，工作成绩不一般。

空中飞来一只鹅，口衔一棵忘忧草。看到人们烦恼多，放下忘忧乐逍遥。

扛枪跑步上山坡，跨过坎坷唱山歌。歌声嘹亮传千里，慷慨激昂壮山河。

考场里面静悄悄，考生们都在思考。刻苦攻读有回报，金榜题名在今朝。

孔雀开屏真美丽，快乐歌声伴舞姿。看者无不齐声赞，精彩表演人欢喜。

酷暑难消夏日长，清风拂面送清凉。看山看水心舒畅，快乐生活好时光。

快快加入篮球队，锻炼身体不后悔。看准目标投篮筐，扣篮成功心欢畅。

开心果园丰收年，颗颗果实笑开颜。看护果园勤浇水，快乐收获满田园。

考验智力猜谜语，看谁能够先解疑。快速反应动脑筋，乐趣无穷长知识。

狂风暴雨都不怕，坚守岗位为大家。看护家园责任重，快乐平安靠大家。

课间休息十分钟，快乐玩耍不放松。看看蓝天和白云，心情愉悦兴致浓。

可爱小猫捉老鼠，身手敏捷速度快。看到老鼠不放过，快乐游戏乐翻天。

科技馆里奥秘多，探索未知乐趣多。看尽科技新发展，快乐学习共进步。

开心农场乐趣多，种植收获不蹉跎。看着作物快成长，快乐心情无法说。

瞌睡虫儿飞满天，快把它们都赶跑。看准时间早起床，精神饱满度良宵。

科考路上赶科考，寒窗苦读尽坎坷，金榜题名靠科考。

哥哥过河捉个鸽，回家割鸽来请客。客人吃鸽称鸽肉，哥哥请客乐呵呵。

扣纽扣，小牛小妞都动手，看谁学会了扣纽扣。

捆葱绳，葱绳捆得松又松，不如昆昆捆得紧又牢。

小巷有堵墙，墙边堆着糠。小伙耍花枪，枪落进了糠。糠埋住了枪，枪顶起了糠。

可可和柯柯去做客，可可要柯柯坐。

王婆卖瓜又卖花，一边卖来一边夸。

张康当董事长，詹丹当厂长，互相帮助共进步。

4. 文章练习

喀拉峻的守护者①

在新疆北部，有一片广袤的高山草原——喀拉峻。这里风光旖旎，是众多户外爱好者和摄影师的向往之地。而在这片美丽的大地上，有一个名叫库尔班的老人，他被当地人亲切地称为“喀拉峻的守护者”。

库尔班是土生土长的喀拉峻人，他对这片土地有着深厚的感情。多年来，他一直致力于保护喀拉峻的生态环境，防止过度放牧和非法狩猎。他每天都会骑着马，穿越草原，检查是否有异常情况。

库尔班深知，保护草原不仅仅是为了眼前的美景，更是为了子孙后代能够继续在这片

① 虚拟稿件，仅供教学训练使用。

土地上繁衍生息。因此，他不仅自己身体力行，还积极向村民宣传环保知识，引导他们珍惜自然资源。

在库尔班的努力下，喀拉峻的生态环境得到了有效保护。草原上的野生动植物种类繁多，成为生物多样性的宝库。每年夏季，无数游客慕名而来，欣赏这片美丽的草原风光。

库尔班的事迹传遍了整个新疆，甚至吸引了国内外的关注。他用自己的行动诠释了什么是真正的环保精神。在他的带领下，喀拉峻的村民们也逐渐认识到了保护生态环境的重要性，共同守护着这片美丽的家园。

凯文的创业故事

凯文是一个充满激情和创意的年轻人，大学毕业后，他没有选择稳定的工作，而是决定走上创业之路。

凯文的创业项目是一款智能家居产品，他希望通过这款产品提高人们的生活质量。然而，创业之路并非一帆风顺，凯文面临着资金紧张、市场竞争激烈等诸多挑战。

为了筹集资金，凯文四处奔波，向投资人展示他的项目前景和商业计划。虽然屡遭拒绝，但他从未放弃。他坚信自己的产品能够为人们带来便利和舒适。

在研发过程中，凯文遇到了各种技术难题。他带领团队不断尝试、改进，最终成功攻克了这些难题。产品的功能不断完善，用户体验也越来越好。

经过长时间的努力，凯文的产品终于上市了。凭借独特的创意和实用的功能，这款产品迅速在市场上获得了成功。凯文的创业梦想也得以实现。

凯文的创业故事传遍了整个创业圈，成为许多年轻人的榜样。他用自己的行动证明了只要有梦想、有毅力、有创新精神，就一定能够在创业的道路上取得成功。

十一、h 舌根阻清擦音

（一）发音要领

软腭上升，堵塞鼻腔通道。舌根接近软腭，留一道窄缝，让气流从舌根和软腭之间的窄缝中挤出，摩擦成声。避免将 h 发音为汉语音节中的“喝”，因为汉语音节中的“喝”发音时不送气，而声母 h 发音时气流是从窄缝中挤出的。注意 h 的发音口型不定，它只出现在元音前，与后面的元音组成音节，并随元音的变化而变化。

（二）训练材料

1. 单音节

喝 花 画 话 红 航 和 河 合 何 湖 乎 护 虎 黑 海 坏 怀 还
环 黄 慌 哄 婚 混 魂 煌 酣 鼾 函 涵 寒 韩 罕 撼 憾 翰 皓

2. 双音节

哈哈 还好 嘿嘿 呵呵 很好 后悔 皇后 混合 豪华
黄河 辉煌 绘画 画画 好坏 呼唤 黄昏 缓缓 婚后
呵护 汉化 恍惚 火花 荷花 好货 红花 和好 黑河

3. 绕口令

河边有只黄鹤，河边有只灰鹤。黄鹤飞得高，灰鹤飞得低。黄鹤飞得低时灰鹤低，灰鹤飞得高时黄鹤高。

红红和黄黄，扛着筐筐摘槐黄。红红摘了八斤半，黄黄摘了三斤三两。红红比黄黄多摘五斤，黄黄比红红少摘五斤。红红教黄黄摘槐技巧，黄黄红红摘槐忙。

海上一群黑鹤，河里一群黑鹅。黑鹤黑黑鹅黑，黑鹅黑黑鹤黑。黑鹤黑鹅分不清，请你仔细认一认。

胡子华华画葫芦画，画葫芦画胡子华。胡子画得葫芦好，华华画得胡子佳。互换作品各自夸，都说对方才华大。

红孩子和黄孩子换红柿子。

红红糊红粉灯笼，给军属送光荣灯；芬芬糊粉红灯笼，给军属送灯光荣；红红糊完红粉灯笼糊粉红灯笼；芬芬糊完粉红灯笼糊红粉灯笼。

黑化黑灰化肥灰会挥发发灰黑讳为黑灰花会回飞，灰化灰黑化肥会挥发发黑灰为讳

飞花回化为灰。

粉红墙上画凤凰，凤凰画在粉红墙。红凤凰，粉凤凰，粉红凤凰花凤凰。

胡子骑驴子，驼子挑螺蛳，胡子撞翻了驼子的螺蛳，驼子拖住胡子的驴子，胡子去打挑螺蛳的驼子，驼子来打骑驴子的胡子，胡子打驼子，驼子打胡子。

华华有两朵黄花，红红有两朵红花。华华要红花，红红要黄花。华华送给红红一朵黄花，红红送给华华一朵红花。

画画的是华华，画的是爸爸和妈妈，华华爱画爸爸爱妈妈，要把他们画成一幅画。

河边有只河马，河马要过河，河上没桥没船，河马如何过河？

海上一只鹤，鹤上一只鹅，鹅过河，鹤跟着鹅一起过河。

黑虎黑夜数黑猪，黑夜黑猪黑虎数。黑猪黑夜围黑虎，黑挤黑，虎难数。

喝开水，吃核桃，开水喝够，核桃吃少。多吃核桃少喝水，脑子灵活嘴巴巧。

4. 文章练习

哈德逊河畔的环保战士

哈德逊河畔，一个中年男子手持垃圾袋，低头寻找着地上的垃圾。他叫海涛，是一位环保志愿者。多年来，他致力于保护这片他深爱的河流。

海涛并非一直如此。年轻时，他曾在一家大型企业担任高管，生活富足但精神空虚。直到一次偶然的机会，他参与了河边的一次清洁活动，从此便与环保结下了不解之缘。

他发现，哈德逊河畔虽然美丽，但由于人类活动的影响，垃圾问题日益严重。于是，他毅然辞去了高薪工作，投身于环保事业。

在河边，海涛结识了许多志同道合的伙伴。他们一起捡拾垃圾，一起宣传环保理念，一起努力让这片河流变得更加清澈。

每当黄昏降临，海涛都会站在河边，看着夕阳下的哈德逊河，心中充满了满足和自豪。他知道，自己的工作虽然艰辛，但为了让更多人能够欣赏到这片美丽的河流，他愿意付出一切。

韩博士的科研之路

在一所著名的科研机构里，有一位备受尊敬的科学家——韩博士。他以其卓越的科研成果和严谨的科研态度，赢得了同行们的赞誉。

韩博士从小就对科学充满了浓厚的兴趣。他努力学习，考入了一所顶尖的大学，并选择了物理学作为自己的专业。

在科研的道路上，韩博士遇到了许多困难和挑战。但他从未放弃，始终坚持着自己的科研梦想。他带领团队攻克了一个又一个科学难题，为人类的发展作出了巨大的贡献。

除了科研工作外，韩博士还非常注重科普教育。他经常参加各种科普讲座和活动，向公众普及科学知识，提高大家的科学素养。

韩博士的科研之路虽然充满了艰辛和挑战，但他始终坚信科学的力量可以改变世界。他用自己的行动诠释了什么是真正的科学家精神。

十二、j 舌面阻不送气清塞擦音

（一）发音要领

在发 j 音时，嘴唇略扁，舌尖抵住下齿龈，舌面前部上抬靠近硬腭。气流通过舌面和硬腭之间的缝隙冲出，形成声音。在发音过程中，需要控制气流的强度和速度，以保证发音的清晰和准确；要确保舌尖不要过于靠上或靠前导致触碰到下齿背，以避免产生“尖音”。舌面阻发音要注意“碰肉不碰齿”。同时，舌面与硬腭的摩擦要集中，以确保发音的准确性和清晰度。

（二）训练材料

1. 单音节

佳 家 加 减 见 建 交 教 焦 浇 椒 燋 礁 杰 洁 结 解 介 届

偈 姐 戒 借 巾 今 金 斤 尽 进 晋 禁 津 谨 锦 堇 筋 紧 劲

2. 双音节

锦江	剪辑	经济	借鉴	绝句	讲解	简洁	积聚
姐姐	京剧	精进	鸡精	结晶	极具	基金	将军
积极	解决	孑孓	接近	即将	渐渐	坚决	俊杰

3. 绕口令

杰杰和姐姐，花园里面捉蝴蝶。杰杰去捉花中蝶，姐姐去捉叶上蝶。

精致不是经济，组织不是狙击；把不直念成不急，秩序就会变成继续，也会变成持续，大使变成大喜。

京剧叫京剧，警句叫警句。京剧不能叫警句，警句不能叫京剧。

九月九，九个酒迷喝醉酒。九个酒杯九杯酒，九个酒迷喝九口。喝罢九口酒，又倒九杯酒。九个酒迷端起酒，咕咚咕咚又九口。九杯酒，酒九口，喝罢九个酒迷醉了酒。

尖塔尖，尖杆尖，杆尖尖似塔尖尖，塔尖尖似杆尖尖。有人说杆尖比塔尖尖，有人说塔尖比杆尖尖。不知到底是杆尖比塔尖尖，还是塔尖比杆尖尖。

七加一，七减一，加完减完等于几？七加一，七减一，加完减完还是七。

季姬寂，集鸡，鸡即棘鸡。棘鸡饥叽，季姬及箕稷济鸡。鸡既济，跻姬笈，季姬忌，急咭鸡，鸡急，继圾几，季姬急，即籍箕击鸡，箕疾击几伎，伎即蓠。鸡叽集几基，季姬急极屐击鸡，鸡既殛，季姬激，即记《季姬击鸡记》。

舅舅吃酒，酒醉舅舅求救。

饥鸡集机记，唧唧鸡，鸡唧唧。

唧唧鸡，鸡唧唧，几鸡挤挤集机脊。

七巷一个漆匠，西巷一个锡匠。七巷漆匠用了西巷锡匠的锡，西巷锡匠拿了七巷漆匠的漆，七巷漆匠气西巷锡匠用了漆，西巷锡匠讥七巷漆匠拿了锡。

尖尖山上放紫藤，紫藤四面挂铜铃。风吹藤动铜铃响，风静藤定定铃停。

晶晶和欣欣，一起看星星。天上星星亮晶晶，晶晶欣欣数星星。

4. 文章练习

景德镇的陶瓷传承——记陶瓷艺术家江军的创作之路[①]

景德镇，这座以陶瓷著称的城市，每一块砖、每一片瓦都仿佛在诉说着千年的陶瓷文化。在这座古老而又充满活力的城市中，有一位名叫江军的陶瓷艺术家，他凭借卓越的技艺和对陶瓷艺术的深厚热爱，成为新一代陶瓷艺术家中的佼佼者。

江军，土生土长的景德镇人，自幼便对陶瓷制作产生了浓厚的兴趣。他的家族历代都从事陶瓷制作，可以说陶瓷是他的家族传统，也是他的命中注定。在家族的熏陶下，他开始了自己的陶瓷艺术之路。

经过多年的学习和实践，江军的技艺日益精湛。他的作品以精细的线条和柔和的色彩为特点，展现出了独特的艺术风格。他擅长运用各种传统技艺，如青花、五彩、斗彩等，创作出了一件件令人叹为观止的陶瓷艺术品。

在江军的手中，每一块陶土都仿佛有了生命。他精心挑选材料，严谨制作，每一道工序都力求完美。他的作品不仅具有极高的艺术价值，更承载着他对陶瓷文化的热爱和传承。

除了艺术创作，江军还致力于陶瓷文化的传承和推广。他经常在各大艺术展览中展示自己的作品，与同行交流心得。他还积极参与陶瓷教育的普及工作，为更多热爱陶瓷艺术的人提供指导和帮助。

在景德镇这座陶瓷之都，江军以其卓越的陶瓷艺术成就和对陶瓷文化的执着追求，赢得了广泛的赞誉和尊敬。他用自己的实际行动诠释了什么是真正的陶瓷艺术家精神，也为景德镇的陶瓷文化传承贡献了自己的力量。

坚守初心，教书育人——记优秀教师蒋静的教育之路[②]

蒋静是一名普通的小学教师，但她在教育领域却有着不平凡的成就。多年来，她一直坚守在教育的第一线，用自己的知识和智慧培养了一批又一批优秀的学生。

---

① 虚拟稿件，仅供教学训练使用。

② 虚拟稿件，仅供教学训练使用。

蒋静的教育理念是“因材施教，寓教于乐”。她认为每个孩子都是独一无二的，都有自己的优点和特长。因此，在教学过程中，她总是尽可能地了解每个学生的特点和需求，制定个性化的教学方案，让每个孩子都能够在最适合自己的方式下学习和成长。

除了教学之外，蒋静还非常注重学生的全面发展。她经常组织学生参加各种课外活动和社会实践，让学生在实践中学习知识，锻炼能力。她还积极与家长沟通，共同关注学生的成长和发展。

蒋静的教学成果显著，她的学生在各项考试中成绩优异，多次获得省市级奖项。更重要的是，她的学生都对她充满了感激和敬意，将她视为自己成长道路上的重要引路人。

在教育的道路上，蒋静始终坚守初心，用自己的爱心和智慧为学生点亮了前行的道路。她的事迹感动了许多人，也成为教育界的一面旗帜。

十三、q 舌面阻送气清塞擦音

（一）发音要领

在准备发音时，嘴唇略圆，舌尖抵住下齿龈，舌面前部抬起与硬腭形成紧闭。发音时突然分开，让较强的气流冲开阻碍，爆破成声。

（二）训练材料

1. 单音节

奇　起　气　其　七　期　汽　棋　启　砌　弃　岂　凄　乞　契　恰　掐　洽　牵
铅　千　迁　谦　签　乾　前　钱　浅　欠　遣　抢　呛　瞧　敲　桥　翘　巧　窍

2. 双音节

侵权　亲切　前期　全球　请求　七千　亲戚　轻轻　悄悄
齐全　亲情　气球　恰恰　前去　欠缺　瞧瞧　栖息　确切
清泉　乞求　期权　前妻　祈求　强求　全区　取钱　秋千

3. 绕口令

青青藤，满地生，青青藤上挂银铃。风起藤动银铃响，风止藤静听铃音。

桥头栖着一只鹊，桥尾跑过一群鹅，鹊叫鹅跳真热闹，吵得河里鱼儿乐。

七月七日晴，七仙女下凡来庆生。七碗七碟摆七桌，七个仙女笑盈盈。

七个气球空中飘，七只小鸟吱吱叫。七色云彩随风摇，七彩世界真美妙。

骑奇马，张张嘴，骑到圹前腿碰腿。你推我挤争着走，乐坏后面偷食的贼。

墙上挂面鼓，鼓上画老虎。老虎抓破鼓，拿块布来补。到底是布补鼓，还是布补虎？

茄子开花像喇叭，篱笆开满紫色花。蜜蜂嗡嗡来采蜜，蝴蝶翩翩来伴舞。

七加一，七减一，加完减完等于几？七加一，七减一，加完减完还是七。

七巷漆匠用锡装，西巷锡匠拿漆箱。七巷锡匠气锡匠，西巷漆匠讥漆匠。

青蛙跳水有水花，水里涟漪在扩大。蜻蜓掠过水面来，看着青蛙叫呱呱。

亲情浓，七夕共，牵牛织女鹊桥会，七夕佳节诉离愁。

崎岖山路行人稀，巧遇骑驴老汉急。请问老翁何处去，笑答前方有集市。

青蛙呱呱水中戏，蜻蜓静静立叶旁。清风轻拂水面波，山间清幽好风光。

七月桥边起轻雾，奇景如画入眼眸。桥上行人且驻足，倾听流水潺潺诉。

琪琪手中拿气球，轻轻放飞上天空。气球飘飘随风舞，全家其乐融融中。

秦岭山脉连绵长，奇峰异石入眼眶。千辛万苦登高处，一览群山心欢畅。

4. 文章练习

青海湖骑行的奇遇

青海湖畔，风景如画。每年的七八月，这里都会迎来大批的骑行爱好者。去年夏天，我也加入了这场骑行的热潮，带着我的自行车，准备环湖一周。

骑行第一天，我遇到了来自全国各地的骑友，其中有一个名叫秦琦的年轻人特别引人注目。他身穿专业的骑行装备，脚踏一辆高档的赛车，整个人散发出一种与众不同的气质。我们很快成了朋友，并决定一起环湖骑行。

青海湖的路况并不总是平坦，有时会遇到崎岖的山路，但这并没有阻碍我们的热情。秦琦是个骑行高手，他总能轻松地应对各种路况，不时地给我传授一些骑行的技巧。在他的带领下，我也逐渐掌握了如何更好地控制自行车，如何在崎岖的山路上保持平衡。

骑行过程中，我们还遇到了许多有趣的事情。有一次，我们在路边发现了一个奇特的石头，上面刻着一些古老的文字和图案。秦琦对此非常感兴趣，他掏出手机拍下了许多照片，并说回去后要仔细研究。我也被他的热情所感染，对这个神秘的石头充满了好奇。

经过一周的骑行，我们终于完成了环湖之旅。这次骑行不仅让我锻炼了身体，还让我结识了秦琦这个好朋友。每当回想起这段经历，我都会感到无比的快乐和满足。

曲艺团里的趣事

去年春天，我有幸加入了一个当地的曲艺团。这个曲艺团以表演相声、评书等传统曲艺为主，吸引了众多曲艺爱好者。

曲艺团的团长是一位名叫曲波的中年男子，他热爱曲艺事业，多年来一直致力于传承和推广传统曲艺文化。在他的带领下，曲艺团不断发展壮大，吸引了越来越多的年轻人加入。

在曲艺团里，我遇到了许多有趣的人和事。有一次，我们准备排练一个新的相声节目。大家都非常投入地参与排练，希望能够呈现出最好的效果。然而，在排练过程中却发生了一个小插曲。

当时，我们正在排练一个需要多人配合的动作。由于大家对这个动作的理解有所不同，导致排练进度受到了影响。这时，曲团长走了过来，他耐心地给大家讲解动作要领，并亲自示范。在他的指导下，我们很快掌握了这个动作，并顺利地完成了排练。

除了排练节目，曲艺团还经常组织一些活动来增进团员之间的感情。有一次，我们举办了一个曲艺知识竞赛。大家都积极参与其中，争相回答关于曲艺的问题。这次活动不仅让我们更加深入地了解了曲艺文化，还增强了团队的凝聚力。

在曲艺团的这段时间里，我不仅学到了许多关于曲艺的知识和技巧，还结识了许多志同道合的朋友。这段经历对我来说非常宝贵，它让我更加热爱传统文化，也让我更加珍惜与团队成员之间的友谊。

十四、x 舌面阻清擦音

（一）发音要领

发音时，舌尖抵住下齿龈，舌面前部靠近硬腭但不接触，留出一条窄缝，让气流通过时产生摩擦音。这个过程中，需要控制气流的强度和速度，使得发音清晰、准确。x 作为清辅音，在发音时声带不颤动。

（二）训练材料

1. 单音节

昔 息 喜 洗 细 戏 系 习 席 惜 析 晰 溪 熙 熹 玺 希 膝 窸
袭 暇 霞 辖 侠 峡 仙 先 纤 涎 贤 娴 险 显 县 献 宪 陷 羡

2. 双音节

学校 向下 显性 消息 选项 小型 谢谢 小学 休学
宣泄 限选 想想 西巷 线性 休息 学习 选修 选秀
想象 信息 嘻嘻 详细 小心 下辖 下乡 遐想 献血

3. 绕口令

新针纫新线，新线纫新针，针纫线，线纫针，新针新线心情新。

小小秧苗带土栽，大地由我巧安排，祖国处处丰收象，快乐学习快乐栽。

小鸭背小鸡过小溪，浪花追着小鸭蹄，小鸭过桥往东赶，小鸡过桥往西行，走到桥边停了停，小鸭小鸡问声好，过桥边来数一、二、三、四、五，小鸭小鸡过了桥。

稀奇稀奇真稀奇，麻雀踩死老母鸡，蚂蚁身长三尺六，八十老头车里坐。

七巷一个漆匠，西巷一个锡匠。七巷漆匠用了西巷锡匠的锡，西巷锡匠拿了七巷漆匠的漆，七巷漆匠气西巷锡匠用了漆，西巷锡匠讥七巷漆匠拿了锡。

小溪流水哗啦啦，小华手拿捕网架，号召伙伴捕青蛙，去除害虫保庄稼。一只青蛙叫呱呱，蹦到田里捉害虫，一只害虫吃庄稼，害虫青蛙要分清，保护青蛙不捕杀。

夏天天下雨，穿绿雨衣的女小吕，去找不穿绿雨衣的吕阿姨。穿绿雨衣的女小吕，没找到不穿绿雨衣的吕阿姨，不穿绿雨衣的吕阿姨，也没见着穿绿雨衣的女小吕。

小谢、小薛、小张在长沙，坐车去找小杨，小杨不在办公室，在电影院的前厅里看电影《西游记》。小谢、小薛、小张看完电影再去找小杨，看见小杨在笑盈盈。请你说一说，谁在电影院看电影。

小青和小琴，小琴手很勤，小青人很精，手勤人精，琴勤青精，你学小琴还是小青？

小星星，亮晶晶，好像猫儿眨眼睛。东一个，西一个，东南西北数不清。

辛厂长，申厂长，同乡不同行。辛厂长声声讲生产，申厂长常常闹思想。辛厂长一心只想革新厂，申厂长满口只讲加薪饷。

4. 文章练习

西安的寻古之旅

西安，这座古老而神秘的城市，向来都是历史文化爱好者的天堂。我，一个对历史充满好奇的探索者，决定踏上这次寻古之旅。

一下火车，我直奔西安城墙。这座现存规模最大、保存最完整的古代城垣，吸引了无数像我这样的游客。信步于城墙上，我仿佛能听到历史的回响，感受到古都的韵味。

接着，我来到了大雁塔。这座唐代的古建筑，塔身高耸，气势恢宏。我仰望着这座象征着古代中国人民智慧和才能的建筑，心中充满了敬意。

晚上，我来到了回民街，这里是西安的小吃天堂。我品尝了香气四溢的羊肉泡馍和酸辣可口的凉皮，我的味蕾得到了极大的满足。在熙熙攘攘的人群中，我感受到了这座城市的繁华与活力。

这次西安之行，让我深刻感受到了历史的厚重和文化的底蕴。西安，这座历史悠久的城市，用它独特的方式诉说着过去的故事，让我为之着迷。

峡谷漂流记

夏日炎炎，我和几位好友决定去体验一次刺激的峡谷漂流。我们选择了位于湘西的一处著名峡谷——湘西大峡谷。

湘西大峡谷风景秀丽，水流湍急，是漂流爱好者的理想之地。我们穿上救生衣，戴上头盔，迫不及待地坐上了橡皮艇。

随着水流的推动，我们开始了惊险刺激的漂流之旅。橡皮艇在峡谷中穿梭，时而平缓如镜，时而波涛汹涌。我们紧紧抓住艇边的扶手，尖叫着享受这次冒险。

漂流过程中，我们还遇到了许多有趣的挑战。有时需要通过狭窄的通道，有时需要躲避巨大的岩石。每一次挑战都让我们更加兴奋和紧张。

最后，我们顺利抵达了终点。虽然全身湿透，但我们都感到非常满足和开心。这次峡谷漂流之旅不仅让我们体验到了刺激与快乐，还让我们更加珍惜彼此之间的友谊。

十五、zh 舌尖后阻不送气清塞擦音

（一）发音要领

zh 是舌尖后音，发音时舌尖需要翘起并接触或接近硬腭前部。舌尖上翘抵住硬腭前部，然后留一道窄缝，让气流从中挤出来，摩擦成声，发音时声带不颤动。

（二）训练材料

1. 单音节

知 执 至 纸 真 正 直 止 质 指 志 制 治 职 枝 智 值 织 折
哲 睁 着 侄 茁 咫 轴 珠 诸 筑 烛 驻 抓 拽 专 追 桌 庄 桩

2. 双音节

主旨 这种 庄重 指正 执政 直指 住址 症状 主张
轴重 周志 真正 转折 政治 战争 郑州 装置 住宅

注重　　抓住　　直至　　种种　　转账　　智障　　终止　　挣扎　　执照

3. 绕口令

竹子栅栏竹子楼，竹子篓里装竹球。

真真桌上放着一盏真灯，灯下有一张真帧。

杂志社出杂志，杂志出在杂志社，有政治常识、历史常识、写作指导、诗词注释，还有那植树造林、治理沼泽、栽种花草、生产手册、种种杂志数十册。

知道就说知道，不知道就说不知道。不要知道的说不知道，也不要不知道的说知道，要老老实实，实事求是。

珍珠玛瑙翡翠石，不如知识装头脑。

4. 文章练习

张老师的智慧课堂①

在紫禁城附近的一所小学里，有一位深受学生喜爱的张老师。张老师以其独特的智慧教学方法而闻名，她总是能够用最通俗易懂的方式，将复杂的知识传授给学生。

某个周三的下午，张老师站在讲台上，手里拿着一个装有各种种子的盒子。她微笑着对学生们说："今天，我们要学习植物的生长过程。这里有不同种类的种子，我们将一起观察它们是如何发芽、生长的。"

孩子们兴奋地围着讲台，张老师把种子分发给每个学生，并详细讲解了种植的步骤。在接下来的几周里，学生们每天都会记录种子的变化，并在课堂上分享他们的观察结果。

张老师的课堂总是充满欢声笑语，她不仅教授知识，更重要的是，她教会了孩子们如何探索和发现生活中的奥秘。张老师的智慧不仅体现在教学上，更体现在她对学生们的关心和爱护上。

一个学期过去了，孩子们不仅学到了丰富的知识，更重要的是，他们在张老师的引导下，学会了独立思考。张老师的课堂，就像是一片肥沃的土壤，孕育着孩子们的智慧和未来。

①　虚拟稿件，仅供教学训练使用。

智慧城市的交通挑战[①]

近年来，随着科技的飞速发展，智慧城市成为人们关注的焦点。在这个背景下，珠江三角洲的一座城市也开始了其智慧交通系统的建设。

这座城市面临着日益严重的交通拥堵问题。为了解决这个问题，市政府决定引进智能交通管理系统。该系统通过大数据分析和人工智能技术，实时监测道路交通情况，优化信号灯控制，以提高交通效率。

然而，新系统的实施并非一帆风顺。市民们对于新系统的接受程度不一，有些人认为这能帮助解决交通问题，而有些人则担心个人信息泄露等问题。

市政府为了推进项目的实施，组织了一系列的宣传活动，向市民解释智能交通系统的好处，并承诺将严格保护个人隐私。

经过一段时间的运行和调试，智能交通系统逐渐显现出其效果。交通拥堵的情况得到了明显改善，市民的出行也变得更加便捷。这个项目不仅展示了科技的力量，更体现了政府与市民共同努力，共同打造一个更加智能、高效的城市。

十六、ch 舌尖后阻送气清塞擦音

（一）发音要领

发音时，先将舌尖抬起，顶住硬腭前端，让气流从舌尖和硬腭前端之间的缝隙中通过，舌尖和上齿龈之间会产生摩擦声，即发出 ch 的音。

（二）训练材料

1. 单音节

插 差 查 茶 拆 柴 豺 产 谄 阐 馋 缠 蝉 颤 忏 潺 婵 阐 昌

猖 场 尝 常 长 厂 唱 抄 超 巢 朝 嘲 车 陈 晨 沉 尘 衬 称

① 虚拟稿件，仅供教学训练使用。

2. 双音节

出处	出差	传承	超出	串串	查重	常常	长城	长春
拆除	出场	处处	传出	迟迟	查出	产出	尝尝	查处
乘车	抽出	出厂	惆怅	超车	撤出	穿插	叉车	长处

3. 绕口令

陈阵、沈沉二人去淘金，陈、沈同出门，同行不同心，陈阵想独吞，沈沉早有心。岂不知淘金需同心，分心难淘金。陈阵、沈沉两手空空回家门。

大车拉小车，小车拉小石头，石头掉下来，砸了小脚趾头。

长虫围着砖堆转，转完砖堆钻砖堆。

4. 文章练习

陈慧的茶馆

在中国的某个古老的小镇上，有一个名叫陈慧的中年女人，她经营着一家具有特色的茶馆。这家茶馆不仅是镇上老百姓们休闲聚会的好去处，还吸引了许多外地游客。

陈慧从小就对茶文化有着浓厚的兴趣。经过多年的学习和实践，她不仅熟练掌握了各种茶叶的冲泡技巧，还了解了许多茶叶背后的历史故事。她的茶馆里，摆放着各式各样的茶具，茶叶的品种也是琳琅满目。

每天清晨，陈慧都会亲自挑选茶叶，为客人们准备一壶壶香气四溢的好茶。茶馆内的装饰古朴典雅，墙上挂着一些中国传统的字画，增添了一抹文化气息。

一个温暖的午后，一群老茶客如约而至。他们围坐在茶馆的木桌旁，谈笑风生。陈慧为他们沏上了一壶上好的龙井茶，茶香四溢，令人心旷神怡。客人们一边品茶，一边谈论着镇上的新鲜事。

这时，一个外地游客走进了茶馆。他被这里的氛围所吸引，坐下后点了一壶碧螺春。品尝过后，他赞不绝口，表示这是他喝过的最美味的茶。陈慧微笑着向他介绍了碧螺春的历史和冲泡方法，两人聊得十分投机。

随着时间的流逝，陈慧的茶馆在小镇上越来越有名气。她不仅传承了中国的茶文化，还结交了许多志同道合的朋友。这家茶馆，成为连接人与人情感的纽带。

长城脚下的车厂①

长城，这座古老的建筑，见证了中国的历史变迁。而在长城脚下，有一个名叫车明的小伙子，经营着一家小型的汽车修理厂。

车明从小就对汽车产生了浓厚的兴趣。他的父亲是一名汽车修理工，他从小就跟着父亲学习汽车的维修技术。长大后，他决定在长城脚下开一家自己的汽车修理厂。

修理厂虽然不大，但设备齐全。车明凭借精湛的技艺和热情的服务，赢得了周边村民的信赖。无论是汽车的日常保养，还是复杂的故障排除，他都能迅速准确地完成。

一个晴朗的周末，一辆挂外地牌照的汽车缓缓驶进了修理厂。车主是一位中年男子，他向车明说明了汽车的故障情况。车明仔细检查后，迅速找到了问题的根源，并熟练地进行了修理。

在等待的过程中，车主与车明聊起了长城。车明对长城的历史和文化了如指掌，他向车主介绍了许多关于长城的故事和传说。两人聊得十分投机，仿佛是多年未见的好友。

修理完成后，车主对车明的技术和服务赞不绝口。车明微笑着送别了客人，心中充满了成就感。

随着时间的推移，车明的修理厂在周边地区声名鹊起。他不仅为人们解决了汽车的疑难问题，还传承了长城的文化精神。这家小小的修理厂，成为长城脚下的一道亮丽风景线。

十七、sh 舌尖后阻清擦音

（一）发音要领

sh 是舌尖后音，发音时声带不颤动。软腭上升，堵塞鼻腔通道。舌尖向上翘起，接近硬腭前部，留出窄缝。气流从舌尖与硬腭前部之间留出的窄缝中挤出，摩擦成声，发出

① 虚拟稿件，仅供教学训练使用。

sh 的音。

（二）训练材料

1. 单音节

沙　杀　傻　厦　霎　闪　陕　伤　上　烧　蛇　摄　晒　赦　身　深　沈　慎　声
升　绳　盛　圣　失　施　虱　湿　拾　实　始　矢　事　势　室　手　守　首　书

2. 双音节

实施　设施　上述　师说　闪失　收声　数数　硕士　上声
石狮　试试　手势　事实　时尚　身上　上市　施舍　手术
受伤　实时　神圣　双手　首饰　射手　税收　收视　属实

3. 绕口令

山上五棵树，架上五壶醋，林中五只鹿，箱里五条裤。伐了山上树，搬下架上的醋，射死林中的鹿，取出箱中的裤。

石室诗士施氏，嗜狮，誓食十狮。施氏时时适市视狮。十时，适十狮适市。是时，适施氏适市。施氏视是十狮，恃矢势，使是十狮逝世。氏拾是十狮尸，适石室。

四和十，十和四，十四和四十，四十和十四。说好四和十得靠舌头和牙齿。谁说四十是“细席”，他的舌头没用力；谁说十四是“适时”，他的舌头没伸直。认真学习，常练习，十四、四十、四十四。

谁说桑树不为沙，谁说纱灯不是纱。只要你会说笑话，你就是会说话的沙发。

师傅四十四，石匠四十四。师傅教石匠，石匠感谢师傅。师傅说石匠，学习好基石。

山前有四十四棵死涩柿子树，山后有四十四只石狮子。山前的四十四棵死涩柿子树，涩死了山后的四十四只石狮子，山后的四十四只石狮子，咬死了山前的四十四棵死涩柿子树。不知是山前的四十四棵死涩柿子树涩死了山后的四十四只石狮子，还是山后的四十四只石狮子咬死了山前的四十四棵死涩柿子树。

四是四，十是十，十四是十四，四十是四十，莫把四字说成十，休将十字说成四。

若要分清四十和十四，经常练说十和四。

石小四，史肖石，一同来到阅览室。石小四年十四，史肖石年四十。年十四的石小四爱看诗词，年四十的史肖石爱看报纸。年四十的史肖石发现了好诗词，忙递给年十四的石小四，年十四的石小四见了好报纸，忙递给年四十的史肖石。

六十六岁刘老六，修了六十六座走马楼，楼上摆了六十六瓶苏合油，门前栽了六十六棵垂杨柳，柳下拴了六十六头大马猴。忽然一阵狂风起，吹倒了六十六座走马楼，打翻了六十六瓶苏合油，压倒了六十六棵垂杨柳，吓跑了六十六头大马猴，气死了六十六岁刘老六。

十四是十四，四十是四十。十四不是四十，四十不是十四。谁能分得清，请来试一试。

山里有个寺，山外有个市，弟子三十三，师父四十四。三十三的弟子在寺里练写字，四十四的师父到市里去办事。三十三的弟子用了四十四小时，四十四的师父走了三十三里地。走了三十三里地就办了四十四件事，用了四十四小时才写了三十三个字。

三月三，小三去登山。上山又下山，下山又上山。登了三次山，跑了三里三。出了一身汗，湿了三件衫。小三山上大声喊："离天只有三尺三！"

石、斯、施、史四老师，天天和我在一起。石老师教我大公无私，斯老师给我精神食粮，施老师叫我遇事三思，史老师送我知识钥匙。我感谢石、斯、施、史四老师。

时事学习看报纸，报纸登的是时事，常看报纸要多思，心里装着天下事。

司小四和史小世，四月十四日十四时四十上集市，司小四买了四十四斤四两西红柿，史小世买了十四斤四两细蚕丝。司小四要拿四十四斤四两西红柿换史小世十四斤四两细蚕丝。史小世十四斤四两细蚕丝不换司小四四十四斤四两西红柿。司小四说我四十四斤四两西红柿可以增加营养防近视，史小世说我十四斤四两细蚕丝可以织绸织缎又抽丝。

4. 文章练习

上海老街的历史风貌

上海，这座国际大都市，以其独特的魅力吸引着世界各地的游客。而在其繁华的都市

景观背后，隐藏着一条条历史悠久的老街。今天，我们就来探访位于市中心的一条老街——石库门老街，感受这里的历史风貌。

石库门老街，位于上海的中心地带，是一条充满历史韵味的街道。走在这条老街上，仿佛穿越了时空，回到了上个世纪。老街两旁的石库门建筑，以其独特的建筑风格，诉说着上海的历史变迁。

深秋的午后，阳光透过树叶的缝隙，洒在石板路上，斑驳的光影让人不禁沉醉其中。街道上，来来往往的行人络绎不绝，有的匆匆地赶路，有的悠闲地逛街。街边的小店里，售卖着各种各样的上海特色小吃，如小笼包、生煎包等，香气扑鼻，让人垂涎欲滴。

在这条老街上，还有一家历史悠久的茶馆——石库门茶馆。这家茶馆已经营业了近百年，见证了上海的沧桑巨变。走进茶馆，一股浓郁的茶香扑鼻而来。客人们围坐在古色古香的木桌旁，品着香茗，聊着家常，享受着午后的悠闲时光。

除了茶馆，老街上还有一家古董店，店内陈列着各种珍贵的古董。店主是一位年迈的老人，他对古董有着深厚的感情和独到的见解。每当有客人进店，他总是会热情地介绍每一件古董的历史背景和收藏价值。

夕阳西下，老街上的灯光逐渐亮起。石库门老街在夜幕的笼罩下，更显古朴与宁静。走在这里，仿佛能够感受到岁月的流转和历史的厚重。

深山的守护者们

在中国的西南部，有一片连绵起伏的深山老林，这里是珍稀野生动植物的家园。为了保护这片宝贵的自然资源，一群默默无闻的守护者长期驻扎在这里，他们就是深山护林员。

深山老林的环境艰苦，但护林员们毫无怨言，他们深知自己肩负着保护生态环境的重任。每天清晨，当第一缕阳光洒在山林间时，护林员们便开始了他们的工作。他们穿梭在林间小道上，仔细检查着每一寸土地，确保没有火源和非法砍伐的迹象。

除了日常的巡逻工作，护林员们还承担着救助野生动物的任务。一次，一只受伤的小熊猫被发现了，它的后腿受伤严重，无法行走。护林员们立即展开了救援行动，他们小心翼翼地将小熊猫带回驻地，并进行了精心的治疗和护理。经过几天的照顾，小熊猫逐渐恢复了健康，最后重新回到了大自然的怀抱。

深山里的生活虽然艰苦，但护林员们却乐在其中。他们热爱大自然，珍惜与动植物的每一次亲密接触。每当夜幕降临，他们都围坐在篝火旁，分享着彼此的故事和心得。这些深山的守护者们用自己的行动诠释着对大自然的敬畏和爱护。

在护林员们的共同努力下，这片深山老林得到了有效的保护。珍稀野生动植物得以繁衍生息，生态环境也得到了显著改善。这些深山的守护者们用他们的汗水和付出，为后人留下了一片绿意盎然的家园。

十八、r 舌尖后阻浊擦音

（一）发音要领

发音时声带颤动，软腭上升，阻塞鼻腔通路，舌尖需要上翘，接近硬腭前部，形成窄缝。气流从舌尖与硬腭间的窄缝中挤出，摩擦发声。

（二）训练材料

1. 单音节

然　染　燃　饶　扰　绕　热　惹　人　任　认　仁　忍　韧　刃　日　绒　融　熔
蓉　荣　戎　冗　柔　揉　蹂　肉　如　乳　儒　辱　汝　入　蕊　锐　瑞　润　若

2. 双音节

仍然　融入　人人　容忍　柔软　容许　如若　软弱　柔弱
嚷嚷　熟稔　忍让　冉冉　任性　荣辱　熔融　柔韧　热熔
忍辱　韧性　柔然　若然　柔润　荏苒　孺人　扰攘　濡染

3. 绕口令

日头热，晒人肉，人肉晒得直冒油。

软弱柔软，柔软软弱，两者意思差不太多。

如若日让热绕人，人热日让若难绕。

人说日热热如火，热日人说如热火。

热日热，日热热，仍旧仍旧热热日。

日日热热热如火，人人热得直冒汗。

容忍柔弱是美德，日日忍让柔弱化。

柔软日日需练习，日日柔软如丝绸。

荣辱日日伴人生，人生日日知荣辱。

日日忍让日日荣，忍让日荣成日常。

肉芽热热如火烧，绕口令中练发音。

日子热热人人知，人人热热知日子。

热水日日要人烧，人烧热水日日要。

热日绕人如火烧，人绕热日如绕火。

柔弱日日要锻炼，锻炼柔弱日日强。

日子如梭日日过，日日如梭过日子。

荣辱人生日日新，日日新荣新辱生。

热烈庆祝日日好，日日好庆热烈祝。

热情日日如火热，日日火热如热情。

热爱日日有热情，日日热情有热爱。

4. 文章练习

热气球之旅①

在辽阔的内蒙古草原上，有一个叫作日出的村庄。日出村的村民们世代以放牧为生，过着简单而宁静的生活。然而，这一年，村里迎来了一个特别的节日——热气球节。

热气球节的发起人是一位名叫任强的年轻人。任强曾在城市里工作过几年，对热气球有着浓厚的兴趣。他希望通过举办热气球节，为日出村带来新的活力和知名度。

节日当天，数百只五彩斑斓的热气球在草原上空飘荡，吸引了无数游客前来观赏。任

---

① 虚拟稿件，仅供教学训练使用。

强和他的团队为游客准备了丰富的活动，包括热气球乘坐体验、草原烧烤晚会等。

然而，就在活动进行得如火如荼之际，突然一阵强风吹来，将几只热气球吹得摇摇欲坠。任强立即组织团队进行紧急救援，确保了所有游客的安全。

经过这次有惊无险的事件，任强深感责任重大。他决定在未来的活动中更加注重安全措施，确保每一位游客都能在安全、愉快的环境中体验热气球的魅力。

日出村的热气球节因此名声大噪，成为草原上一道亮丽的风景线。任强和他的团队也因为这个节日而声名鹊起，成为当地有名的旅游策划专家。

热心肠的社区志愿者

在繁华的上海市中心，有一个叫作瑞金社区的地方。这里居住着来自五湖四海的人们，他们和睦相处，共同营造了一个温馨的大家庭。

在这个社区里，有一位热心的志愿者——荣阿姨。她退休多年，但仍然坚持为社区作贡献。每天清晨，她都会早早地起床，帮助清洁工人打扫卫生、清理垃圾。

除了参与社区的公共卫生工作，荣阿姨还经常组织各种公益活动，如为孤寡老人送温暖、为孩子们举办夏令营等。她的热心肠和无私奉献精神深深地感染了社区的每一个人。

有一次，社区里的一位独居老人突然生病住院了。荣阿姨在得知消息后，立刻组织了一支志愿者队伍前往医院探望老人，并为他送去了水果和慰问品。她还亲自为老人熬汤煮饭，照顾得无微不至。

在荣阿姨的带动下，瑞金社区的居民们越来越团结友爱。他们互相帮助、共同进步，一起创造了一个和谐美好的生活环境。荣阿姨也因此成为社区里的明星人物，她的故事被广为传诵，激励着更多的人加入到志愿服务的行列中来。

十九、z舌尖前阻不送气清塞擦音

（一）发音要领

发音时声带不颤动，软腭上升，阻塞鼻腔通路，舌尖抵在下齿背，形成一定程度的阻塞，气流由舌面与齿龈之间的窄缝中泄出。

（二）训练材料

1. 单音节

扎　杂　砸　灾　栽　宰　载　在　咱　攒　赞　脏　葬　责　则　贼　怎　增　宗
总　纵　走　奏　阻　组　祖　钻　嘴　最　醉　尊　遵　左　作　坐　字　自　子

2. 双音节

作者　最早　总则　自尊　自在　造作　自足　祖宗　贼赃
租子　再造　咂嘴　啧啧　栽赃　在座　藏族　遭罪　纸张
自责　宗族　走卒　罪责　做作　遭灾　醉枣　凿子　粽子

3. 绕口令

昨日早晨早早起，砸破虫子砸破纸。

紫瓷盘，盛鱼翅，一盘熟鱼翅，一盘生鱼翅。迟小池拿了一把瓷汤匙，要吃清蒸美鱼翅。一口鱼翅刚到嘴，鱼刺刺进齿缝里，疼得小池拍腿挠牙齿。

钻砖堆，砖堆钻出紫砖堆。

字纸里裹着细银丝，细银丝上趴着四千四百四十四个似死似不死的小死虱子皮。

隔着窗户撕字纸，一次撕下横字纸，一次撕下竖字纸，是字纸撕字纸，不是字纸，不要胡乱撕一地纸。

三山撑四水，四水绕三山；三山四水春常在，四水三山四时春。

4. 文章练习

紫禁城的早晨

紫禁城，这座古老的皇宫，在每个清晨都焕发着新的生机。张师傅是这里的清洁工，他早早起床，穿过紫禁城的重重宫门，开始了他一天的工作。

张师傅走在紫禁城的砖石路面上，四周一片寂静，只有他的脚步声在空旷的宫殿中回响。他一边清扫着地面，一边欣赏着这座古老皇宫的美丽。紫禁城的建筑风格庄重典雅，每一砖每一瓦都透露着皇家的威严与尊贵。

突然，张师傅发现了一个钱包，里面装满了钞票。他左右张望，却不见失主。张师傅心想，失主此刻一定很着急，于是他决定将钱包交到管理处，等待失主来认领。

在紫禁城的一角，张师傅与管理处的工作人员交谈着，希望能够尽快联系到失主。经过一番周折，失主终于找到了。原来，这是一位来自东北的游客，在游览紫禁城时他不慎将钱包遗失。失主对张师傅表示了衷心的感谢，并称赞他的诚实守信。

紫禁城的早晨，因为张师傅的善举而变得更加美好。他的行为传递着正能量，让人们看到了人性中的善良与美好。

自然博物馆的奇妙之旅

周末，小明和他的家人来到了著名的自然博物馆。这座博物馆坐落在市中心，展出了各种珍稀动植物标本，吸引了无数游客前来参观。

一进入博物馆，小明就被眼前的景象所震撼。展厅里摆放着各种动物的标本，栩栩如生。小明兴奋地跑到一个展览区，仔细观察着一只展翅欲飞的雄鹰标本。他感叹大自然的神奇，竟然能创造出如此精美的生物。

接着，小明来到了昆虫展览区。他惊奇地发现，这里展示了许多他从未见过的奇特昆虫。有的昆虫色彩斑斓，有的则形状怪异。小明不禁对自然界的多样性产生了更深的敬意。

在参观过程中，小明还遇到了一位热心的讲解员。讲解员为小明详细介绍了各种标本的来历和特点，让他对自然界的认识更加深入。小明感慨道："这次自然博物馆之旅真是让我大开眼界，原来自然界还有这么多我不知道的奥秘!"

这次奇妙的自然博物馆之旅让小明对自然界产生了浓厚的兴趣。他决定以后要多关注身边的自然环境，努力保护这个美丽的地球家园。

二十、c舌尖前阻送气清塞擦音

(一) 发音要领

发音时，舌尖需要贴住下齿背，形成一定程度的阻塞，然后让气流通过舌面与齿龈之

间的窄缝，产生摩擦而发出声音。发音时声带不颤动。

（二）训练材料

1. 单音节

才　从　此　曾　次　村　错　操　菜　草　擦　曹　蔡　层　踩　祠　崔　测　粗
凑　促　葱　词　册　刺　惨　参　残　猜　财　采　翠　厕　岑　汆　匆　存　糙

2. 双音节

猜测　　残存　　草丛　　仓促　　苍翠　　层次　　从此　　残次　　参差
粗糙　　摧残　　璀璨　　催促　　存储　　措辞　　匆匆　　测算　　措辞

3. 绕口令

粗出气，出粗气，出气帮助体育练习。

催粗腿，粗腿催，催腿动作要敏锐。

村边草丛蚕吃草，草丛蚕多草变少。

苍蝇采花丛，草丛出苍蝇，苍蝇丛中飞，嗡嗡吵不停。

仓里有米仓外挤，仓外有米仓里稀。

出差错，出差错，蔡小策常常出差错。摄影记录有差错，调查报告有差错，统计报表有差错，领导批评蔡小策，蔡小策改差错。

草丛里有只刺猬，草丛旁有只乌龟，刺猬在草丛里找食，乌龟在草丛旁寻水，刺猬和乌龟是近邻，相互照应不吵嘴。

4. 文章练习

长城的守护者

在辽阔的华北平原上，长城宛如一条巨龙蜿蜒盘旋。这座古老的防御工事见证了中华民族的历史沧桑，也承载着无数英雄的血汗与泪水。

崔大爷虽是长城脚下的一位普通农民，但他却有着一个不平凡的身份——长城守护者。多年来，他自发地守护着这段古老的城墙，防止它受到人为的破坏和自然的侵蚀。

每天清晨，崔大爷都会带着工具沿着长城巡查一圈，清理垃圾，修补破损的城墙。他说：“长城是我们的根，是我们的骄傲。我不能眼看着它被破坏。”

除了日常的巡查和修缮工作，崔大爷还经常向游客们宣传保护长城的重要性。他希望通过自己的努力，能够让更多的人加入到保护长城的行列中来。

在崔大爷的带动下，越来越多的村民开始关注长城的保护工作。他们自发组织起来，定期开展清理、修缮活动，共同守护着中华民族的瑰宝。

长城上，风轻轻吹过，仿佛能听到历史的回声。崔大爷和他的伙伴们用实际行动诠释着对长城的深情厚爱，也让我们感受到了这份责任和担当的重量。

草原之歌：牧民的生活与变迁

在广袤的内蒙古草原上，牧民们过着与大自然紧密相连的生活。这里，草原是他们的家园，羊群是他们的伙伴，马匹是他们的交通工具。

曹大爷是这片草原上的一位老牧民。他从小就跟随父辈在这片土地上放牧，对这里的每一寸土地、每一株草都了如指掌。他骑着自己的爱马，驰骋在草原上，享受着自由与宁静。

然而，随着时代的变迁，草原也在发生着改变。近年来，随着城市化进程的加速，越来越多的年轻人选择离开草原，前往城市发展。草原上的人口逐渐减少，老龄化问题也日益严重。

面对这些挑战，曹大爷深感忧虑。他担心这片他深爱的土地会逐渐荒芜，羊群和马匹会消失。为了传承和发扬草原文化，曹大爷开始致力于推广草原旅游，让更多的人了解和关注这片土地。

他带领游客们游览草原，讲述着草原的历史和文化。游客们骑着马匹，在草原上畅游，感受着大自然的魅力。曹大爷还教他们如何放牧、挤奶等传统的草原生活技能，让他们亲身体验牧民的生活。

通过曹大爷的努力，越来越多的人开始关注和支持草原文化。一些年轻人也重新回到草原，继承和发扬父辈的事业。草原的未来也因此变得更加充满希望。

在这片广袤的草原上，曹大爷和他的同伴们用实际行动诠释着对草原的热爱和坚守。

他们的故事也让我们感受到了草原的魅力和文化的传承。

二十一、s 舌尖前阻清擦音

（一）发音要领

嘴巴微张，上下齿自然合拢，但不要用力咬紧。舌尖轻轻抵住下齿背，但不要形成完全的阻塞，而是使气流从舌面和上齿龈之间的窄缝中通过，产生摩擦声，发出“s”音。

（二）训练材料

1. 单音节

岁　隋　随　绥　三　森　颂　松　怂　酸　算　速　稣　俗　桑　骚　嫂　撒　四

色　所　送　死　孙　苏　丝　塞　锁　素　碎　扫　宋　索　飒　铯　嗣　缩　泗

2. 双音节

洒扫　　嫂嫂　　缫丝　　色素　　三思　　僧俗　　松散　　思索　　四散

搜索　　诉讼　　速算　　琐碎　　飒飒　　散碎　　速度　　送死　　酥碎

3. 绕口令

四是四，十是十。十四是十四，四十是四十。谁能分得清，请来试一试。

三月三，小三去登山；上山又下山，下山又上山；登了三次山，跑了三里三；出了一身汗，湿了三件衫；小三山上大声喊，离天只有三尺三。

操场边有三株桑，操场里有五棵枣，桑比枣高，枣比桑小，桑长枣短，枣甜桑酸。

三山屹四水，四水绕三山；三山四水春常在，四水三山四时春。

司小四和史小世，四月十四日十四时四十上集市，司小四买了四十四斤四两西红柿，史小世买了十四斤四两细蚕丝。

石、斯、施、史四老师，天天和我在一起。石老师教我大公无私，斯老师给我精神食粮，施老师叫我遇事三思，史老师送我知识钥匙。我感谢石、斯、施、史四老师。

山里有个寺，山外有个市，弟子三十三，师父四十四。三十三的弟子在寺里练写字，四十四的师父到市里去办事。三十三的弟子用了四十四小时，四十四的师父走了三十三里地。走了三十三里地就办了四十四件事，用了四十四小时才写了三十三个字。

四和十，十和四。十四和四十，四十和十四。说好四和十，得靠舌头和牙齿。谁说四十是“细席”，他的舌头没用力；谁说十四是“适时”，他的舌头没伸直。认真学，常练习，十四、四十、四十四。

4. 文章练习

上海老街的书店[①]

上海，这座繁华的国际大都市，高楼林立，车水马龙。然而，在繁华的背后，还隐藏着一些富有历史韵味的老街。今天，我要讲述的故事，就发生在这样一条老街上的一家古老书店里。

书店的老板姓苏，大家都亲切地称他为老苏。老苏是个书迷，从年轻时就开始经营这家书店，一干就是几十年。书店虽然不大，但书籍琳琅满目，从古典名著到现代文学，应有尽有。

某个周末的下午，一个名叫珊珊的小女孩走进了书店。她目光炯炯，对书籍充满了好奇和渴望。老苏见状，热情地迎了上去，为她推荐了几本适合她阅读的书籍。珊珊看得津津有味，很快就沉浸在了书的世界里。

随着时间的推移，珊珊成了书店的常客。她不仅自己爱看书，还经常带着小伙伴们一起来书店阅读。老苏的书店因此变得热闹非凡，吸引了越来越多的读者前来。

在这个充满书香的老街上，老苏的书店成为一个传承文化的重要载体。珊珊和她的伙伴们在书香的熏陶下，茁壮成长，成为有文化、有素养的新一代青年。

老苏的书店见证了这条老街的变迁，也见证了珊珊这一代人的成长。书店里的每一本书，都承载着老苏对文化的热爱与传承，也寄托着珊珊等年轻一代对未来的憧憬与希望。

① 虚拟稿件，仅供教学训练使用。

四川的神奇石窟①

四川，这片神奇的土地，拥有着丰富的自然资源和文化底蕴。在四川的某个偏远山区，隐藏着一座鲜为人知的石窟。这座石窟历经千年风霜，仍保留着大量精美的石刻造像，见证了古代艺术的辉煌。

一天，一个名叫思远的历史爱好者，在查阅古籍时无意中发现了这座石窟的线索。他决定亲自前往探访，一睹这座石窟的风采。

经过漫长的跋涉，思远终于来到了石窟所在地。眼前的景象让他惊叹不已：石窟内的造像栩栩如生，细节精致，展现出古代工匠们的高超技艺。

思远沉浸在这座石窟的艺术世界中，流连忘返。他决定将这些珍贵的文化遗产记录下来，让更多的人了解这座石窟的魅力。

回到城市后，思远整理了自己的所见所闻，并撰写了一篇关于这座石窟的详细报道。报道一经发表，便引起了轰动。越来越多的人开始对这座石窟产生兴趣，纷纷前往探访。

随着游客的增多，当地政府也意识到了这座石窟的价值。他们投入资金对石窟进行了保护和修复工作，还建立了博物馆和游客中心，方便游客参观和学习。

思远的一次偶然发现，让这座隐藏在四川山区的神奇石窟重新焕发了生机。如今，这座石窟已经成为当地的文化名片，吸引着世界各地的游客前来感受古代艺术的魅力。

第三节　零声母的发音要领及训练材料

除了 21 个辅音声母外，还有一些音节不用辅音声母开头，如 ān、ēn、āo、ōu、āng 等。这样的音节没有声母，但语言学家从语音的系统性考虑认为它们有声母，不过不是辅音声母，而是特殊的声母，叫作零声母。有了零声母这个概念，就可以认为普通话里所有的音节都有声母，分为声母和韵母两部分。汉语拼音中的 y 和 w 只出现在零声母音节的

① 虚拟稿件，仅供教学训练使用。

开头，它们的作用主要是使音节界限清楚，如 yī、yū、yān、yuān、yāng、wāng、wēng、yōng 等。

一、发音要领

零声母中，音节中开头的 ɑ、o、e、i、u、ü、ê、er 在发音时会有一个短暂的类辅音发音过程，成阻部位是两片闭合的声带。发音时两片闭合的声带会对呼出气流进行阻碍，而后除阻发声。特别需要注意的是，现在包括很多播音员、主持人在内的专业人士，将以 u 开头的零声母音节的 u 发成唇齿音 v，这是不规范的语音现象，需要特别引起重视。汉语普通话中唇齿音只有 f。

二、训练材料

1. 单音节

安 昂 袄 偶 鹅 额 哀 爱 碍 奥 懊 熬 啊 阿 丫 牙 哑 娃 挖
蛙 窝 我 涡 矮 呜 屋 诬 误 无 武 舞 务 物 恶 沃 威 弯 万

2. 双音节

1）开口呼零声母——开、齐、合、撮

暗暗 昂昂 恩爱 偶尔 傲岸 二铵 嗷嗷 阿姨 安逸
熬夜 恶意 扼要 而已 昂扬 安稳 额外 扼腕 耳闻
讹误 安慰 安危 哀怨 按语 阿谀 厄运 恩怨 耳语

2）齐齿呼零声母——开、齐、合、撮

议案 要隘 银耳 幼儿 因而 友爱 诱饵 演义 扬言
摇曳 野营 一样 医药 意义 厌恶 要闻 业务 遗忘
义务 因为 烟雾 言语 演员 谚语 养育 遥远 业余

3）合口呼零声母——开、齐、合、撮

巍峨 晚安 伟岸 万安 外耳 雾霭 问案 外因 蜿蜒

文艺　午夜　无疑　晚宴　威严　外围　玩味　忘我　威望

威武　无畏　罔闻　蛙泳　外语　外援　委员　谓语　位于

4）撮口呼零声母——开、齐、合、撮

余额　悦耳　鱼饵　冤案　无恶　员额　云霭　拥有　用意

语言　鸳鸯　园艺　远洋　运营　渔网　欲望　冤枉　原文

援外　云雾　韵味　永远　踊跃　用语　运用　孕育　预约

第四节　声母辨正练习

一、h/f 对比练习

灰鸡绕着飞机飞，飞机不能绕着灰鸡低空飞。飞机要回，灰鸡不灰。灰飞机不要飞的灰鸡飞，那就托运灰鸡上飞机，飞机起飞，灰鸡能回。

老方扛着个黄幌子，老黄扛着个方幌子。老方要拿老黄的方幌子，老黄要拿老方的黄幌子。老黄老方不相让。方幌子碰破了黄幌子，黄幌子碰破了方幌子。

我们要学理化，他们要学理发。理化不是理发，理发不是理化。学会理化不会理发，学会理发也不懂理化。

黄芳有一个方黄盒子，方黄有一个黄方盒子，黄芳方黄偶相遇，慌忙中抱错了俩盒子。你说是黄芳抱走了黄方盒子还是方黄抱走了方黄盒子？

二、n/l 对比练习

练一练，念一念，n、l 鼻边要分辨。l 是边音软腭升，n 是鼻音舌靠前。你来练，我来念，不怕累，不怕难，齐努力，攻难关。

牛郎恋刘娘，刘娘念牛郎。牛郎连连恋刘娘，刘娘连连恋牛郎。牛郎年年念刘娘，刘娘年年念牛郎。郎恋娘来娘恋郎，念娘恋娘念郎恋郎。牛恋刘来刘恋牛，牛念刘来刘念牛。郎恋娘来娘恋郎，郎念娘来娘念郎。

新脑筋，老脑筋，老脑筋可以学成新脑筋，新脑筋不学习就会变成老脑筋。

三、z/zh/j 对比练习

报纸是报纸，抱子是抱子，报纸抱子两回事。抱子不是报纸，看报纸不是看抱子，只能抱子看报纸。

刚往窗上糊字纸，你就隔着窗户撕字纸，一次撕下横字纸，一次撕下竖字纸，横竖两次撕了四十四张湿字纸。是字纸你就撕字纸，不是字纸，你就不要胡乱地撕一地纸。

试将四十七支极细极细的紫丝线，试织成四十七支极细极细的紫狮子。此细紫丝线是试织细紫狮子，而细紫丝线却织成了死紫狮子。紫狮子织不成，扯断了细紫丝线。

四、c/ch/q 对比练习

粗出气和出气粗，粗出气种谷，出气粗喂猪。粗出气种的谷，谷穗长得长又粗。出气粗喂的猪，身子长得胖乎乎。出气粗的胖乎乎的大肥猪，偷吃了粗出气又长又粗的品种谷。粗出气用锄打出气粗胖乎乎的大肥猪，出气粗家胖乎乎的大肥猪，再也不吃粗出气家的又长又粗的品种谷。

镇江路，镇江醋，镇江名醋出此处，去错出处买错醋，老崔买醋别匆促，匆匆促促买错醋，错买次醋味不足。

大柴和小柴，帮助爷爷晒白菜。大柴晒的是大白菜，小柴晒的是小白菜。大柴晒了四十四斤四两大白菜，小柴晒了三十三斤三两小白菜。大柴和小柴，总共晒了七十七斤七两大大小小的白菜。

五、s/sh/x 对比练习

四是四，十是十，十四是十四，四十是四十。要想说对四和十，得靠舌头和牙齿。

谁说四十是“戏习”，谁的舌头没用力。谁说四十是“事实”，谁的舌头没伸直。要想说对常练习，十四、四十、四十四。

找到不念早到，遭到不念招到，乱草不念乱吵，制造不念自造，收不念搜，昌不念仓，张不念脏，栽花不念摘花，自力不念智力，暂时不念战时，大字不念大志，一层不念一成，草木不念炒木，参加不念掺加，四十不念事实，三哥不念山歌，塞子不念筛子，俗语不念熟语，散光不念闪光，撒网不念纱网，三山不念山山。

苏州有个苏胡子，湖州有个胡胡子。苏州苏胡子爱用梳子梳胡子，湖州胡胡子梳胡子要用梳子，湖州胡胡子向苏州苏胡子借梳子梳胡子，苏州苏胡子借梳子给湖州胡胡子梳胡子。

第五章

韵母——字音圆润的关键

韵母指汉语音节结构中声母后面的部分。韵母内部情况比较复杂，它的主要组成成分是元音，有的也包含有辅音。普通话有 39 个韵母，其中 23 个由元音（单元音或复元音）充当，16 个由元音加鼻辅音韵尾构成。

第一节 韵母的分类和结构

一、韵母的分类

根据韵母内部结构中音素的成分及性质，通常将普通话韵母分成三大类：

（1）单元音韵母：由一个单元音构成的韵母叫单元音韵母，简称单韵母。

（2）复元音韵母：由两个或三个元音构成的韵母叫复元音韵母，简称复韵母。

（3）鼻韵母：由一个或两个元音和鼻辅音 n 或 ng 构成的韵母叫带鼻音韵母，简称鼻韵母。

根据韵母开头元音的发音口形的特点，可以将普通话韵母分为四大类，俗称“四呼”：

（1）开口呼韵母：指韵母不是 i、u、ü 或不以 i、u、ü 开头的韵母。

（2）齐齿呼韵母：指韵母是 i 或以 i 开头的韵母。

（3）合口呼韵母：指韵母是 u 或以 u 开头的韵母。

（4）撮口呼韵母：指韵母是 ü 或以 ü 开头的韵母。

“四呼”的分类对说明汉语语音的系统性有重要意义，有利于解释声母和韵母的组合关系配合规律。因为声母在跟韵母配合成音节时是有一定的选择性的，这种选择性主要取决于声母的发音部位及韵母开头元音的特征。此外，韵母还可以按韵尾分为无韵尾韵母、元音韵尾韵母和鼻音韵尾韵母。

二、韵母的结构

汉语传统音韵学将韵母分为韵头、韵腹、韵尾 3 个部分（见图 5-1）。

图 5-1　音节结构图

1. 韵腹

韵母的主干，是韵母里口腔开合度和响度最大的元音，可以在韵腹的位置上出现的元音不受限制。

2. 韵头

韵腹前面的元音是韵头，因为韵头介于声母和韵腹之间，所以又叫介音。在韵头位置只能出现 i、u、ü 这三个高元音。

3. 韵尾

韵腹后面的元音或辅音是韵尾。在韵尾的位置上可以出现元音，也可以出现辅音，韵尾元音只限于高元音 i 和 u（o），辅音则限于两个鼻辅音 n 和 ng。

韵腹是韵母必不可少的核心和基础，最为重要。只有在确定了韵腹以后，才能进一步确定韵头和韵尾。每个音节都有韵腹，但不一定都有韵头、韵尾。

普通话韵母结构表见表 5-1。

表 5-1　普通话韵母结构表

<table>
<tr><th rowspan="3">韵母例字</th><th colspan="4">韵母</th></tr>
<tr><th rowspan="2">韵头
（只限于高元音
i、u、ü）</th><th colspan="3">韵（韵身）</th></tr>
<tr><th>韵腹
（10 个单元音）</th><th colspan="2">韵尾
（只限于高元音 i、u 和鼻辅音 n、ng）</th></tr>
<tr><td>a（啊）</td><td></td><td>a</td><td></td><td></td></tr>
<tr><td>ai（爱）</td><td></td><td>a</td><td>i</td><td></td></tr>
<tr><td>in（音）</td><td></td><td>i</td><td></td><td>n</td></tr>
<tr><td>uo（我）</td><td>u</td><td>o</td><td></td><td></td></tr>
<tr><td>uang（王）</td><td>u</td><td>a</td><td></td><td>ng</td></tr>
<tr><td>iao（药）</td><td>i</td><td>a</td><td>o（u）</td><td></td></tr>
<tr><td>uei（伟）</td><td>u</td><td>e</td><td>i</td><td></td></tr>
<tr><td>iou（有）</td><td>i</td><td>o</td><td>u</td><td></td></tr>
</table>

《汉语拼音方案》规定 ao、iao 中 o 的实际音值是［u］，不标作 u 而标作 o 是为了字形清晰，避免手写体 u 和 n 相混。

普通话 39 个韵母在结构上可以基本分为以下 4 种类型。

（1）只有韵腹（无韵头、韵尾），如 a、o、e、ê、i、u、ü-i（前或后）、er。

（2）有韵头、韵腹（无韵尾），如 ia、ie、ua、uo、ue。

（3）有韵腹、韵尾（无韵头），如 ai、ei、ao、ou、an、en、in、un、ang、eng、ing、ong。

（4）韵头、韵腹、韵尾俱全，如 iao、iou、uai、uei、ian、un、uan、uen、iang、uang、ueng、iong。

第二节　韵母的发音分析

一、单韵母

单韵母的发音等同于单元音的发音。所谓单元音，即在发音过程中舌位、唇形及开口度保持恒定的元音。在普通话中，存在 10 个单元音韵母，这些韵母根据其发音特性可以归类为三大类：①舌面元音，包括 ɑ、o、e、ê、i、u、ü；②舌尖元音，由-i（前）和-i（后）构成；③卷舌元音，即 er。后两类元音可统一被视作“特殊元音韵母”。

单元音的音色差异主要由发音时的口型与舌位决定。所谓“舌位”，指的是发音时舌头的相对高度。而口腔的开合程度则被称为开口度。在发音过程中，舌头的升降和伸缩、唇形的圆展变化，以及开合度的调整，共同影响了共鸣器的形状，进而产生了不同音色的元音。因此，对于单元音的发音分析，可以从舌位的前后位置、舌位的高低（也即开口度的大小）及唇形的圆展变化三个方面入手。

1. 舌面元音韵母发音分析

在分析普通话中的舌面元音时，可以将上述三个发音要素综合起来考量，并通过舌面元音舌位图进行直观展示。

在实际语音实践中，不难发现，对 7 个舌面元音的深入理解和精确掌握，对于优化韵母发音具有关键作用。这种熟悉和精准控制，不仅能够确保韵母发音的准确无误，更能显著提升语音的音色品质。这是因为，舌面元音的精准发音能够使整个音节的音质更加纯净，进而促成语音音色的全面改善。通过这种方式，可以实现音节发音的更加圆润和响亮，为听众带来更好的听觉体验。这一发现，对于深化语音学研究及提升语音教学质量，都具有重要的理论价值和实践意义。

（1）ɑ [ɑ]：这是一个舌面央低不圆唇元音。在发音时，口腔需大开，舌尖微微离开下齿背，舌位处于较低位置，舌面的中部会微微隆起，与硬腭后部形成对应。其唇形并不呈圆形。

例词：ɑ–ɑ

打靶　发达　马达　喇叭　哪怕　爸爸　大厦　麻辣　妈妈

在语音学中，ɑ 音因其口腔开度大而被视为关键音素，其声音特性最为响亮。若未能正确发出 ɑ 音，声音会显得扁平、沉闷且缺乏力度，这是由于发音位置过于靠前；相反，若发音位置过于靠后，声音则会显得散漫、僵硬且不集中。因此，精确掌握 ɑ 音的发音至关重要，这不仅是优化声音质量的关键，更是打开口腔中部、实现声音响亮圆润的先决条件。通过科学训练，可以确保 ɑ 音的准确发音，进而提升整体声音的美感和表达力。

（2）o［o］：此为舌面后半高圆唇元音。发音时，舌身会向后缩，舌面的后部隆起并与软腭形成对应，舌位处于半高位置，上下唇会自然地拢成圆形。

例词：o–o

泼墨　薄膜　婆婆　摩托　磨破　磨墨　默默　伯伯　勃勃

（3）e［ɣ］：这是一个舌面后半高不圆唇元音。发音时，口腔半闭，舌身后缩，舌面后部会稍微隆起与软腭对应，其位置比元音 o 略高并偏前，唇形不圆（见图 5–2）。

嘴角向两侧展开

o（圆唇）⟹ e（展唇）

舌体保持不动

图 5–2　元音发音

例词：e–e

隔阂　合格　色泽　客车　特色　折射　隔热　可乐　歌德

（4）ê［ε］：这是一个舌面前半低不圆唇元音。发音时，口腔半开，舌位处于半低位置，唇部展开，舌尖会抵住下齿背，使得舌面前部隆起与硬腭对应，唇形不圆。

这个韵母在普通话中单用时只能表示叹词“欸”的读音。ê 的主要用途是与 i、ü 组成复韵母，它与 i、ü 组成复韵母后，要把上加的符号“^”去掉，写成 ie、üe。因为 i、ü

不同单韵母 e 组合，所以 e、ê 不会混淆。

（5）i [i]：这是一个舌面前高不圆唇元音。发音时，口腔微微打开，唇形为扁平状，上下齿相对（也称为齐齿），舌尖会接触下齿背，使得舌面前部隆起与硬腭前部对应。

例词：i–i

笔记 激励 基地 记忆 霹雳 习题 细腻 集体 礼仪

（6）u [u]：这是一个舌面后高圆唇元音。发音时，两唇会收缩成圆形并略向前突出；同时，舌部会向后缩，舌面后部高度隆起与软腭对应。

例词：u–u

补助 读物 辜负 瀑布 入伍 疏忽 督促 侏儒 出路

（7）ü [y]：舌面前高圆唇元音。其发音状态与 i 相似，但两唇需要拢圆并略向前突出。

例词：ü–ü

聚居 区域 语序 絮语 序曲 雨具 须臾 豫剧 寓居

2. 舌尖元音韵母（特殊元音韵母）发音分析

（1）-i（前）：这是一个舌尖前高不圆唇元音。发音时，口腔略微打开，唇部展开，舌尖的隆起部位与上齿背形成对应，并保持适当的距离，确保气流经过时不产生摩擦。在普通话中，这个韵母只出现在声母 z、c、s 之后。例如：“此次”（cǐ cì）、“自私”（zì sī）、“孜孜”（zī zī）、“四次”（sì cì）和“恣肆”（zì sì）。

例词：-i（前）--i（前）

私自 此次 字词 恣肆 孜孜 自此

（2）-i（后）：舌尖后高不圆唇元音。发音时，口腔略开，唇部展开，舌尖前端会抬起与硬腭前部对应。在普通话中，此韵母只在声母 zh、ch、sh 后出现。例如：“支持”（zhī chí）、“指示”（zhǐ shì）、“制止”（zhì zhǐ）和“史诗”（shǐ shī）。

需要指出的是，-i（后）和-i（前）这两个舌尖元音韵母在普通话中只会分别跟随舌尖前的 z、c、s 和舌尖后的 zh、ch、sh、r 声母出现，并且它们不能单独形成一个音节（不能单独使用）。因此，常在它们前面加一小横线进行标记，分别表示为-i（前）和-i（后），这意味着它们前面必须有声母，并且不能与除了上述 7 个声母之外的其他声母组成音节。与舌面元音韵母 i［i］的出现条件不同，-i（前）和-i（后）从不与 z、c、s、zh、ch、sh、r 组成音节，且可以自成音节。因此，在《汉语拼音方案》中，使用同一个字母 i 来表示 i［i］、-i（后）和-i（前）这 3 个元音，在实际应用中并不会产生混淆。

例词：-i（后）--i（后）

实施　支持　制止　值日　实质　知识　咫尺　时日　吃食

单韵母发音训练材料

沙漠	拔河	查处	差距	发布	打破	蘑菇	抹杀	摩擦
波折	破除	玻璃	歌曲	彻底	和局	隔壁	合法	科技
机车	立刻	泥土	批发	日语	题目	初步	夫妻	符合
呼吸	拘束	曲折	许可	屡次	旅客	女子	磁石	刺耳
滋事	字纸	自视	自制	私事	指使	赤子	诗词	二十
师资	失职	咫尺	格局	革命	颗粒	渴望	核桃	禾苗
额外	和解	胳膊	课本	遏制	讹诈	可贵	刻骨	贺词
恶心	呵斥	扯皮	赊欠	责备	测验	原则	厄运	涉外
鞠躬	愉快	玉米	娱乐	愚昧	与会	月亮	决定	虚伪
权利	迅速	酝酿	沐浴	贿赂	目标	拂袖	劳碌	瞩目
除夕	书包	绿林	著作	暑假	渡口	剥削	复辟	通缉
供给	沙砾	陌生	迹象	毅力	依然	劳役	奴隶	蜥蜴
驿站	分析	泣诉	匹夫	博士	力量	波浪	叵测	僻静

3. 卷舌元音韵母（特殊元音韵母）发音分析

er：这是一个卷舌央中不圆唇元音。发音时，口腔自然打开，舌位处于中间位置，舌前中部会上抬，舌尖向后卷起与硬腭前端对应，唇形不圆。例如：儿（ér）、而（ér）、耳

（ěr）和二（èr）。值得注意的是，在《汉语拼音方案》中，er 中的字母 r 并不代表一个音素，而只是表示一个卷舌动作的符号。因此，尽管 er 韵母使用了两个字母进行标注，但它仍然是一个单韵母。

例词：er-

而且　　儿歌　　耳朵　　偶尔　　二胡　　诱饵　　儿子　　耳坠　　贰佰

二、复韵母

复韵母，即由复元音所构成的韵母系统。所谓复元音，是指在发音过程中舌位与唇形均发生变化的元音。在普通话中，此类复合元音韵母共计 13 个，具体为：ai、ei、ao、ou、ia、ie、ua、uo、üe、iao、iou、uai、uei。

1. 复韵母的发音分析

与单韵母在发音过程中舌位、唇形及口腔开闭状态始终保持不变不同，复韵母在发音时，其舌位、嘴形及口腔的开合程度均会有所变化。因此，这类韵母通常由两个或三个元音符号来表示其起始音、中间音和结尾音。

然而，复韵母并非单个元音的简单叠加，而是由一系列元音音素融合而成的。在发音时，其特点在于从一个元音过渡到另一个元音的过程中，舌位的高低、前后位置，口腔开闭状态，以及唇形的圆展，均呈现出一种平滑的滑动状态，而非跳跃式变化。在这一过程中，气流是连续的，各个元音之间并无明显界限，整体上给人一种浑然一体的听觉感受。根据构成元音音素的多少，复韵母可进一步细分为二合元音韵母和三合元音韵母。

在复韵母中，各个成分的响度、强度和持续时间均有所不同。韵腹作为复韵母的核心，其发音较为响亮且清晰，持续时间也相对较长。相比之下，韵腹之前的韵头发音则较轻且短暂，它主要标识着复韵母发音的起始点。而韵尾则仅代表着复韵母滑动的最终方向，其音值相对模糊，并不十分固定。

2. 复韵母的分类及其发音特点

复韵母，根据其韵腹位置的不同，可以被划分为前响复韵母、后响复韵母和中响复韵母三大类。

前响复韵母，共计 4 个：ai、ei、ao、ou。它们的发音特性在于舌位呈现由低向高的滑动趋势。在此类复韵母中，开头的元音音素发音响亮且清晰，而收尾的元音音素则主要表示舌位移动的方向，因此其发音相对轻短且模糊。

后响复韵母，共计 5 个：ia、ie、ua、uo、üe。这些韵母的发音特点是舌位由高向低滑动。其中，收尾的元音音素发音响亮且清晰，处于韵腹的地位，而开头的元音音素则相对较弱且短促。

中响复韵母，共计 4 个：iao、iou、uai、uei。它们的发音特性表现为舌位首先由高向低滑动，随后再从低向高滑动。在这类复韵母中，开头的元音音素发音不响亮且较短促，而中间的元音音素则发音响亮且清晰，收尾的元音音素发音又变得轻短且模糊。

这种前响、后响和中响的分类方式对于深入分析和掌握复韵母的发音特性具有重要的指导意义。值得注意的是，前响和后响复韵母均属于二合元音，而中响复韵母则属于三合元音。

1）前响复韵母 ai、ei、ao、ou 的发音分析及练习

（1）ai 。起点元音是比单元音 a 的舌位靠前的前低不圆唇元音，可以简称它为“前 a”。发音时，舌尖抵住下齿背，使舌面前部隆起与硬腭相对。从“前 a”开始，舌位向 i 的方向滑动升高。

例词：ai–ai

爱戴　采摘　海带　买卖　灾害　白菜　开采　拍卖

（2）e（ê）i。实际发音舌位要靠后靠下，e 发 ê，接近央元音。发音过程中，舌尖抵住下齿背，使舌面前部（略后）隆起对着硬腭中部。舌位从 ê 开始升高，向 i 的方向往前往高滑动。这个韵母是普通话中动程较短的复合元音。

例词：ei–ei

肥美　配备　飞贼　违背　北纬　蓓蕾　黑煤　美味

（3）ao。起点元音比单元音 a 的舌位靠后，是个后低不圆唇元音，可以简称它为

“后 ɑ”。发音时，舌头后缩，使舌面后部隆起。从“后 ɑ”开始，舌位向 u（拼写作 o，实际发音接近 u）的方向滑动升高。收尾的 u（o）音舌位状态接近单元音 u，但舌位略低。

例词：ɑo-ɑo

报考　操劳　高潮　冒号　早操　淘宝　吵闹　高傲

（4）ou。发音时，从略带圆唇的央元音开始，舌位向 u 的方向滑动。收尾 u 音比单元音 u 的舌位略低。这个韵母也是普通话中动程较短的复合元音。

例词：ou-ou

瘦肉　丑陋　收购　绸缪　漏斗　喉头　守候　佝偻

2）后响复韵母 iɑ、ie、uɑ、uo、üe 的发音分析及练习

（1）iɑ。起点元音是前高元音 i，由它开始，舌位滑向央低元音 ɑ 止。i 的发音较短，ɑ 的发音响而长。

例词：iɑ-iɑ

家鸭　压下　加价　下家　假牙　加压　压价　恰恰

（2）ie（ê）。起点元音是高元音 i，由它开始，舌位滑向央前半低元音 ê 止。i 的发音较短，ê 的发音响而长。

例词：ie-ie

结业　贴切　铁屑　谢谢　歇业　爷爷　姐姐

（3）uɑ。起点元音是后圆唇高元音 u，由它开始，舌位滑向央低元音 ɑ 止。唇形由最圆逐步展开到不圆。u 较短，ɑ 响而长。

例词：uɑ-uɑ

花褂　画画　耍滑　花袜　挂花　挂画　呱呱　娃娃

（4）uo。由圆唇后元音复合而成。起点元音是后高元音 u，由它开始，舌位向下滑到后元音 o 止。u 较短，o 响而长。发音过程中，唇形保持圆唇，开头最圆，结尾圆唇度略减。

例词：uo–uo
错落　硕果　脱落　国货　骆驼　懦弱　堕落

（5）üe（ê）。由前元音复合而成，起点元音是圆唇高元音 ü，由它开始，舌位下滑到前半低元音 ê，唇形由圆到不圆。ü 较短，ê 响而长。

例词：üe–üe
雀跃　雪月　决绝　绝学　约略

3）中响复韵母 iao、iou、uai、uei 的发音分析及练习

（1）iao。由前高元音 i 开始，舌位降至低元音 ɑ，然后再向后高圆唇元音 u 的方向滑升。发音过程中，舌位先降后升，由前到后，曲折幅度大。唇形从中间的元音 ɑ 开始由不圆唇变为圆唇。

例词：iao–iao
吊销　萧条　巧妙　调料　逍遥　渺小　叫嚣　飘摇

（2）iou。由前高元音 i 开始，舌位降至后元音，然后再向后高圆唇元音 u 的方向滑升。发音过程中，舌位先降后升，由前到后，曲折幅度较大。

例词：iou–iou
久留　绣球　优秀　牛油　悠久　求救　秋游　流油

（3）uai。由圆唇的后高元音 u 开始，舌位向前滑降到前低不圆唇元音 ɑ（前 ɑ），然后再向前高不圆唇元音 i 的方向滑升。舌位动程先降后升，由后到前，曲折幅度大。唇形从最圆开始，逐渐减小圆唇度，发前元音 ɑ 以后渐变为不圆唇。

例词：uai-uai

摔坏　怀揣　外快　外踝　乖乖　拽歪

（4）ue（ê）i。由后高圆唇元音 u 开始，舌位向前向下滑到前半高不圆唇元音偏后靠下的位置，然后再向前高不圆唇元音 i 的方向滑升。发音过程中，舌位先降后升，由后到前，曲折幅度大。唇形从最圆开始，随着舌位的前移圆唇度减小，发 e 以后变为不圆唇。

例词：uei-uei

垂危　归队　追悔　荟萃　推诿　回味　水位　退位

复韵母发音训练材料

百倍　白费　采购　带头　改造　开刀　背包　肥皂　黑白　眉毛　内在　倒霉　搞活
耗费　牢骚　手套　头脑　周到　筹备　构造　后代　佳话　家伙　假若　下列　下落
雅座　接洽　结果　解决　写作　协作　谢绝　花甲　话别　华夏　化学　瓦解　花蕾
国家　活跃　罗列　妥协　卓越　火花　血压　学界　确切　表率　郊游　小鬼　校徽
描绘　幼苗　谬误　流水　羞愧　休会　怀表　乖巧　衰退　摔跤　外表　毁坏　推销
追求　翠鸟　垂柳　回报　戒严　别字　孽障　窃听　洁白　挟持　泄密　邪恶　惬意
结晶　跌宕　啮齿　揭发　懈怠　划船　瓦解　蛙泳　话题　哆嗦　或者　做梦　祸害
左右　绰号　辍学　获取　箩筐　逻辑　琢磨　着重　角色　觉察　虐待　掠夺　岳飞
乐团　倔强　商榷　血本　雀巢　穴道　崛起　阅读　梅花　诽谤　沸腾　飞翔　培训
磊落　傀儡　玫瑰　碑林　赔款　茂密　芍药　奶酪　薄饼　导航　扫除　饶恕　糟粕
捣乱　刀刃　炮弹　陶瓷　哨兵　牟取　陋室　扰乱　悔改　兑换　灰暗　麾下　聪慧
炊烟　棒槌　锤炼　游说　催眠　骨髓　隧道　麦穗　危险　猥琐　委屈　桅杆　针灸
瑞雪　纬度　萎缩　邮电　瀑布　修饰　纠正　忌讳　晦气　伟大　逶迤　颓废　雀跃

三、鼻韵母

鼻韵母，在普通话中共计 16 个，分别为：an、ian、uan、üan、en、in、uen、ün，

以及带有后鼻音的 ang、iang、uang、eng、ing、ueng、ong、iong。

1. 鼻韵母的发音特性

鼻韵母是由元音与鼻辅音韵尾结合而成的。在普通话中，存在两个鼻辅音韵尾，即 n 和 ng。辅音 n 的发音方式已为大家所熟知，而辅音 ng 的发音则涉及舌面后的浊鼻音。在发音过程中，软腭需要下降以打开鼻腔通道，同时舌面后部后缩并紧贴软腭。当声带颤动产生声音后，气流会通过鼻腔。值得注意的是，在普通话中，ng 并不作为声母使用，而仅作为韵尾。

与复韵母相似，鼻韵母在发音时，舌位和口型都会经历一个逐渐变化的过程。元音与其后的鼻辅音并非生硬地连接，而是从元音状态平稳过渡到鼻辅音，使得鼻音色彩逐渐增强。最终，发音部位会形成闭塞，进而产生鼻辅音。在鼻辅音韵尾发音的除阻阶段，实际上并不发出声音，即所谓的“唯闭音”。鼻辅音韵尾 n 与声母 n 的主要区别在于，作为韵尾时，其除阻阶段不发音；而作为声母时，则必须进行除阻。

2. 鼻韵母的分类方式

根据鼻辅音韵尾的发音部位差异，可以将鼻韵母划分为两大类：那些以舌尖鼻辅音 n 为韵尾的，被称为前鼻韵母，包括 an、en、in、ün、ian、uan、uen、üan；而以舌根鼻辅音 ng 为韵尾的，则被称为后鼻韵母，包括 ang、eng、ing、ong、iang、uang、ueng、iong。

3. 前鼻韵母 an、en、in、ün、ian、uan、üan、uen 的发音分析及练习

（1）an。

起点元音是前低不圆唇元音 ɑ，舌尖抵住下齿背，舌位降到最低，软腭上升，关闭鼻腔通路。从“前 ɑ”开始，舌面升高，舌面前部向硬腭前部靠拢。当两者将要接触时，软腭下降，打开鼻腔通路，紧接着舌面前部与硬腭前部闭合，使在口腔受到阻碍的气流从鼻腔里透出。口型先开后合，舌位从央低移至前高，移动较大。

例词：安然　参战　惨淡　反感　烂漫　谈判　难看　干旱

（2）e（ê）n。

起点元音是央元音 e，舌位不高不低不前不后，舌尖接触下齿背，舌面隆起部位受韵

尾影响略靠前。从央元音 e 开始，舌面升高，舌面前部向硬腭前部靠拢。当两者将要接触时，软腭下降，打开鼻腔通路，紧接着舌面前部与硬腭前部闭合，使在口腔受到阻碍的气流从鼻腔里透出。口型由开到闭，舌位从前半低移至前高，移动较小。

例词：本分　深沉　振奋　愤恨　认真　人参　根本　深圳

（3）in。

起点元音是前高不圆唇元音 i，舌尖抵住下齿背，软腭上升，关闭鼻腔通路。从舌位最高的元音 i 开始，舌面前部向硬腭前部靠拢。当两者将要接触时，软腭下降，打开鼻腔通路，紧接着舌面前部与硬腭前部闭合，使在口腔受到阻碍的气流从鼻腔里透出。开口度几乎没有变化，舌位不做移动，只是舌尖从发 i 音时的下齿背位置移动至发 n 音的上齿根处，舌叶从发 i 音时位于的上齿龈与下齿背之间的悬空处移动至上齿龈处与之贴合。这是发好 in 音的关键，很多人由于不能准确地控制舌尖与舌叶，舌根会不由自主地上抬，将前鼻音发成了似前不前、似后不后的“中鼻音”。

例词：亲近　信心　拼音　引进　金银　辛勤　民心　临近

（4）ün。

起点元音是前高圆唇元音 ü，与 in 发音过程相比，只是唇形变化不同。从圆唇的前元音 ü 开始，唇形从圆唇逐步展开。

例词：军训　循循　芸芸　均匀　逡巡

（5）ian。

发音时，从前高元音 i 开始，舌位向前滑动，舌面前部抵住硬腭前部形成鼻音-n。

例词：变迁　艰险　前线　显现　鲜艳　检验　田间　简便

（6）uan。

发音时，由圆唇的后高元音开始，口型迅速由合口状变成开口状，舌位向前迅速滑降到不圆唇的前低元音（前 ɑ），然后舌位升高，接续鼻音-n。

例词： 万贯　酸软　传唤　贯穿　专断　宽缓　婉转　转换

(7) üan。

发音时，从圆唇的前高元音 ü 开始，向前低元音的方向滑降，舌位只降到半低前元音略后就开始升高，接续鼻音-n。

例词： 圆圈　全权　涓涓　源泉　渊源　轩辕　全员　拳拳

(8) uen。

发音时，从圆唇的后高元音 u 开始，向央元音 e 滑降，然后舌位升高，接续鼻音-n。唇形由圆唇渐变为展唇。

例词： 温顺　昆仑　论文　温存　春笋　温润　滚轮　困顿

前鼻韵母发音训练材料

搬运　产品　残忍　担任　干劲　狠心　人均　人们　审判　神仙　诊断

信任　心愿　新选　亲人　选民　亲身　贫困　询问　循环　云南　训练

匀称　变换　边缘　辩论　面粉　面临　牵引　短暂　观看　观点　冠军

缓慢　软件　权限　圆润　选美　全面　元旦　全名　混乱　困难　论点

尊严　遵循　轮船　班长　颁布　埋怨　判断　帆船　贩卖　翻译　繁华

犯法　范围　篮球　担心　胆怯　蛋糕　单纯　贪污　盼望　懒惰　惭愧

闪电　灿烂　汉语　展出　谗言　珊瑚　赶紧　勘探　瞻仰　赞美　鞭策

肝炎　罕见　残酷　边防　编辑　便利　免费　连忙　艰苦　镰刀　见面

嫌疑　千万　前程　淹没　研究　严格　线索　陷害　颜色　厌恶　偏僻

检查　坚韧　惦记　电灯　年代　田野　建立　谦逊　掀起　限度　沿海

延续　眼镜　端正　短处　锻炼　乱动　管理　环境　患者　幻想　专家

转变　窜逃　惯例　贯彻　缓和　喘气　算术　捐款　眷属　权势　蜷缩

宣讲　全程　犬马　园丁　渊博　缘由　远见　怨言　绚烂　痊愈　渲染

诠释　奔跑　本能　笨拙　喷射　盆地　粉笔　分别　奋斗　困顿　昆虫
捆住　困难　荤菜　婚礼　遵循　村庄　军队　裙带　勋章　迅速　逊色
晕厥　韵味　运筹　浑浊　准备　顺便　润滑　紊乱　问题　春风　瞬间

4. 后鼻韵母 ang、eng、ing、ong、iang、uang、ueng、iong 的发音分析及练习

（1）ang（an-ang）。

起点元音是前低不圆唇元音 ɑ，口开大，舌尖离开下齿背，舌头后缩。从后 ɑ 开始，舌面后部抬起，当贴近软腭时，软腭下降，鼻腔打开通路，紧接着舌根与软腭接触，封闭了口腔通路，气流从鼻腔里透出。

例词：上当　盲肠　烫伤　帮忙　商场　钢厂　沧桑　苍茫

（2）eng（en-eng）。

起点元音是央元音 ê，口半闭，展唇，舌头处于自然状态，从 ê 开始，舌面后部抬起，贴向软腭，当两者将要接触时，软腭下降，打开鼻腔通路，紧接着舌面后部抵住软腭，使在口腔受到阻碍的气流从鼻腔里透出。

例词：风筝　升腾　鹏程　更正　省城　奉承　风声　承蒙

（3）ing（in-ing）。

起点元音是前高不圆唇元音 i，舌尖接触下齿背，舌面前部隆起。从 i 开始，舌面隆起部不下降，一直后移，舌尖离开下齿背，逐步使舌面根隆起，贴向软腭前端。当两者将要接触时，软腭下降，打开鼻腔通路，紧接着舌根抵住软腭前部，封闭了口腔通路，气流从鼻腔透出。很多人由于不能很好地控制舌根抵在软腭前部，于是将 ing 这个后鼻音发得太过靠后，使发出的音不具听觉美感。

例词：经营　命令　姓名　情景　惊醒　蜻蜓　明星　评定

（4）ong（uo-ong）。

起点元音是比后高圆唇元音 u 舌位略低的次高后元音，舌尖离开下齿背，舌头后缩，舌面后部隆起，软腭上升，关闭鼻腔通路。从次高后元音开始，舌面后部贴向软腭。当两者将要接触时，软腭下降，打开鼻腔通路，紧接着舌面后部抵住软腭，封闭了口腔通路，气流从鼻腔透出。唇形始终拢圆。

例词：空洞　恐龙　轰动　共同　从容　冲动　通融　工农

（5）iang（ian-iang）。

发音时，从前高元音 i 开始，舌位向前滑降到后低元音 ɑ，然后舌位升高，持续鼻音-ng。

例词：想象　向阳　响亮　洋相　两样　相像

（6）uang（uan-uang）。

发音时，由圆唇的后高元音 u 开始，舌位滑降到央元音的位置，然后舌位升高，持续鼻音-ng。

例词：状况　矿床　狂妄　双簧　惶惶　装潢

（7）ueng（wen-ueng）。

发音时，由圆唇的后高元音 u 开始，舌位滑降至后低元音 ɑ，然后舌位升高，持续鼻音-ng，唇形由圆唇渐变为展唇。在普通话里，韵母 ueng 只有零声母的音节形式 weng。

例词：老翁　瓮安　蕹菜　嗡嗡　渔翁　主人翁　不倒翁

（8）iong。

发音时由后高元音开始，舌位向后略向下滑动到后高元音的位置，然后舌位升高，持续鼻音-ng。由于受后面圆唇元音的影响，开始的前高元音 i 也带上了圆唇动作。传统汉语语音学将 iong 归属撮口呼。

例词：汹涌　炯炯　窘迫　穷凶

后鼻韵母发音训练材料

榜样　常用　党性　方程　纲领　航空　成功　澄清　灯笼　疯狂　恒星
冷静　东方　动静　工程　供应　空想　荣幸　病情　定量　惊慌　玲珑

名胜　柠檬　奖状　良种　强盛　相当　想象　相声　雄壮　胸膛　兄长
凶猛　熊掌　用功　帮忙　绑架　棒球　滂沱　彷徨　芳香　仿古　档案
莽撞　防备　防风　挡驾　荡漾　当真　唐突　糖果　螳螂　狼狈　港口
朗读　亢进　葬送　涨潮　藏书　行家　栽赃　猖獗　唱片　晌午　畅快
瓤子　昂首　盎然　凉菜　亮度　将近　江水　奖品　降温　羌族　镶嵌
酱菜　腔调　乡音　降伏　央求　仰望　墙报　强攻　项圈　秧苗　佯攻
广播　旷野　皇宫　装扮　壮举　窗户　创伤　爽口　忘记　往返　旺盛
崩溃　蓬松　蓬勃　烹饪　朋友　蒙蔽　风采　丰收　登记　腾空　缝隙
冷风　峥嵘　层次　曾经　蒸汽　憎恨　成本　声音　惩罚　僧侣　绳子
盛开　兵器　平常　命运　鸣叫　顶点　宁静　零件　应该　迎接　盈利
渔翁　酒瓮　容器　融洽　窘迫　穷困　苍穹　匈奴　虱子　批判　棉絮
纪律　角度　地壳　游泳　榕树　酝酿　顷刻　或者　佛教　续集　广阔
国家　削皮　绿地　勃发　考虑　着急　结婚　结果　解释　勺子　脚印
薄饼　没落　一亩　沿海　症结　拯救　秉性　停泊　婴儿　应付　映照
诚实　盛开　成都　并列　苹果　评论　生命　网络　枉然　惶恐　霜降
膨胀　恍惚　阳台　匠心　养神　仓库　桑蚕　僵持　享用　相持　彷徨

四、韵母综合对比发音练习

1. 区分 i 与 ü

1）词语对比练习

里程—旅程　移民—渔民　饥民—居民　拟人—女人
书籍—书局　气味—趣味　戏曲—序曲　容易—荣誉

2）词语练习

急剧　吸取　机率　拘礼　依据　齐聚　异域　易趣
移居　躯体　履历　举例　聚集　据悉　具体　曲艺
取缔　屈膝　虚拟　积蓄　蓄意　区域　蓄力　狙击

3）绕口令

王七上街去买席，骑着毛驴跑得急，捎带卖蛋又贩梨。一跑跑到小桥边，毛驴一下失了蹄，打了蛋撒了梨跑了驴，急得王七眼泪滴，又哭鸡蛋又骂驴。

2. 区分 en 和 eng

1）词语对比训练

枕头—整套　　瓜分—刮风　　深水—生水　　深沉—生成
吩咐—丰富　　长针—长征　　陈旧—成就　　申明—声明
诊治—整治　　出身—出生　　人身—人生　　深圳—身正

2）词语训练

en—eng

人生　　神圣　　真诚　　真正　　纷争　　深耕　　奔腾　　本能

eng—en

城镇　　成分　　诚恳　　烹饪　　登门　　风尘　　缝纫　　冷门

3. 区分 an 和 ang

1）词语对比训练

一般——帮　　产地—场地　　开饭—开放　　天坛—天堂
担心—当心　　烂漫—浪漫　　反问—访问　　寒露—航路

2）词语训练

an—ang

反抗　　赶上　　漫长　　南方　　擅长　　赞赏
伴唱　　禅房　　担纲　　胆囊　　战场　　站岗

ang—an

当然　　档案　　方案　　航班　　上班　　荡然　　防范
桑蚕　　丧胆　　商贩　　商谈　　伤感　　伤寒　　藏蓝

4. 区分 in 和 ing

1）词语对比训练

亲近—清净　　红心—红星　　人民—人名　　信服—幸福

欣欣—星星　　金银—经营　　聘书—评书　　寝室—请示

2）词语训练

in—ing

进行	民兵	拼命	心灵	品行	聘请	新兴	金星
金兵	尽情	品名	新兵	民警	进京	银杏	引擎

ing—in

灵敏	平民	病因	并进	平信	清贫	倾心
听信	挺进	定亲	精心	迎亲	轻信	静音

五、文段练习

晨雾中的思索

清晨的雾，如轻纱般弥漫在城市的每一个角落。我独自漫步其中，感受着这份朦胧与迷离。雾中的世界仿佛被重新塑造，一切都变得不那么真实，却又带着一种难以言说的美。

晨雾让我想起了人生中那些不确定的时刻，当未来如雾般模糊，我们是否会选择勇敢地前行？我想起了那句“人生如梦，一樽还酹江月”，在这迷雾中，我仿佛看到了苏轼的身影，他手持酒杯，对着江月吟咏。是啊，人生就像这场雾，虽然看不清前方的路，但只要我们心中有光，就能照亮前行的方向。

午后的阳光

午后的阳光透过窗户，洒在书桌上，形成一片片斑驳的光影。我放下手中的笔，抬头望向窗外。阳光下的世界是如此明亮，仿佛一切都被温暖所包围。

这阳光让我想起了那些简单而美好的时光，小时候在田野里奔跑，青春时在校园里欢笑。那些日子，阳光也是如此灿烂，照亮了我们的梦想和希望。如今，虽然我们已经长大，但那份对阳光的喜爱和对美好生活的向往，依然如初。

秋夜的遐想

秋夜，月光如水般洒在窗台上，我静静地坐着，听着窗外的虫鸣和远处的风声。这样的夜晚，总让人不由自主地陷入遐想。

秋天总是让人联想到收获和思考，就像这秋夜的月光，虽然清冷，却也照亮了我们的内心。我想起了那些曾经奋斗过的日子，那些为了梦想而努力的时光。秋夜提醒我们，不忘初心，方得始终。

雨中的漫步

细雨如丝，我撑起一把伞，走在石板路上。雨中的世界仿佛被洗涤得更加清新，空气中弥漫着泥土的芬芳。

雨中的漫步让我想起了一些人和事，那些曾经一起经历过风雨的朋友，那些一起笑过、哭过的日子。雨水似乎有着神奇的力量，它能洗净一切尘埃，也能洗净我们的心灵。在这雨中，我感受到了生活的美好和宁静。

雪后的静思

大雪过后，世界一片银白。我走在雪后的小径上，听着脚下雪发出的咯吱声，感受着这份宁静与祥和。

雪让我想起了那些纯洁无瑕的日子，那些没有被世俗所染指的梦想和希望。雪后的世界是如此清新和美好，就像我们的心灵一样，需要时常去洗涤和净化。在这雪后的静思中，我找到了内心的平静和力量。

六、散文练习

月夜里的梧桐叶

月夜如水，我独坐庭前，望着院中那棵古老的梧桐树。树叶在月光下泛着银色的光

泽，仿佛被岁月打磨过的古董，沉静而典雅。每当微风拂过，梧桐叶便轻轻摇曳，似乎在诉说着千年的故事。

这梧桐叶，见证了太多的悲欢离合。或许，在某一个朝代，它曾听过宫女的低泣，也曾看过诗人的狂歌。每一片叶子，都像是历史的一页，承载着过去的风雨和阳光。

今夜，我静静地凝视着这些叶子，感受着它们所蕴含的生命力量。月光如水，将每一片叶子都镀上了一层银色的霜。我突然想起了那句“月落乌啼霜满天”，只是此刻没有乌鸦的啼叫，只有梧桐叶在夜风中的低语。

这些叶子，也许在明天就会飘落，但它们依然在今夜展现出最美的姿态。生命不就是这样吗？即使知道终将凋零，也要在有限的时间里绽放出最耀眼的光芒。

月光如水，梧桐叶如梦。我在这一刻，仿佛与这棵树、这些叶子融为了一体，共同感受着生命的起伏与变迁。

河畔沉思

我独自漫步在蜿蜒的河畔，河水波光粼粼，仿佛在诉说着宇宙间的奥秘。我驻足河畔，凝望着这流淌了千年的河流，它像是一面镜子，映照出我内心的世界，也映照出世间万物的变幻莫测。

河水奔流不息，如同时间的指针，一刻不停地转动。它见证了历史的沧桑巨变，也承载了无数生命的起落沉浮。每一滴水都蕴含着深邃的哲理，它们相互碰撞、融合，共同演绎着生命的交响乐。

我静静地聆听着河水的歌声，感受着它带给我心灵的触动。这歌声似乎在诉说着一个永恒的真理：生命是流动的，变化是永恒的。就像河水一样，我们的生命也在不断地流淌、演变，每一刻都是新的起点，每一刻都充满了无限的可能。

这条河不仅是一条自然的河流，更是一条哲学的河流。它告诉我们，生命的意义不在于追求永恒的静止，而在于在流动中寻找自己的价值和方向。我们不能阻止时间的流逝，但可以在时间的河流中留下自己的印记，创造属于自己的精彩。

我望着河水远去，心中涌起一股莫名的力量。或许，生命的真谛就隐藏在这流动的河水中，等待我们去发现、去领悟。让我们像河水一样，勇敢地面对生活的挑战，不断地前行，创造属于自己的辉煌。

七、现代诗歌练习

我愿做岱庙[①]里的那一切

吕 凯

我愿做岱庙里的一株汉柏，
去见证王朝的兴衰更替，
去经历历史的轮回变换。

我愿做岱庙里的一条鱼儿，
去贪婪地享受五湖四海的游客带给我的美食，
在皇家池塘里，安逸自在地畅游。

我愿做岱庙里的奇树，
生长在皇家的土壤里，
贪婪地享受着大自然恩赐的阳光雨露。

我愿做岱庙里大殿前的神兽，
用我的神情去彰显皇家的威严。

---

① 岱庙，又称东岳庙，位于山东省泰安市泰山区东岳大街191号，始建于西汉武帝时期，是中国古代帝王供奉泰山神灵、举行祭祀大典的场所，也是泰山现存规模最大的古建筑群，堪称泰山历史文化的缩影，具有重要的历史、艺术、科学价值。岱庙与北京的故宫、山东曲阜的“三孔”、承德避暑山庄的外八庙，并称中国四大古建筑群。1988年1月13日，岱庙被国务院公布为第三批全国重点文物保护单位。

我愿做岱庙里的石碑，

用自己的身体来记录名人骚客的墨宝真迹。

我愿做岱庙里的一草一木，

用自己的生命去细细品味国泰民安之城的悠然生活。

我愿做岱庙里的……

第六章 声调——富有乐感的关键

第一节 声调及其性质

一、声调

声调，作为一种音高变化，能够用于显著地区分一个音节的意义，其通过高低升降来具体表现。当发出“成都”这两个音节时，可以清晰感知到音调的起伏，这便是声调的实际体现。在汉语中，一个音节往往对应一个汉字，因此声调亦被称作字调。值得注意的是，汉语的声调与声母、韵母一样，在语言中扮演着同等重要的角色，都具有区分语义的功能。例如，“书（shū）”“熟（shú）”“暑（shǔ）”“树（shù）”这四个字，尽管声母和韵母相同，但由于声调的不同，它们所表达的意义便截然不同。

二、声调的性质和特点

从语音学的物理属性来看，声调的核心特性主要由其音高决定。具体来说，声调是由

音节在音高上的多样变化如高低、升降、曲直所共同构成的。然而，需要明确的是，声调中的音高与音乐理论中的音阶存在显著差异。

尽管声调和音阶都与音高紧密相关，但它们的决定因素却有所不同。音阶的音高是绝对音高，这种音高是由声音振动的基频频率来决定的，即音调的高低或音准。与此相对，声调的音高则是由相对音高来决定的，这是一种在同一基调内，通过比较方法确定的音高变化形式和幅度。

举个例子，当一个男性以低音说出一个词汇，而一个女性将声音提高八度说出同样的词汇时，尽管他们发出的绝对音高有着显著的差异，这一点可以通过精密仪器测量得出，但人们听到的意思却是完全相同的。这是因为当人们感知声调时，更注重的是音高的相对变化和比例关系，而非绝对音高值。

声调的音高变化，如果涉及前后的升降，其变化方式是连续且平滑的，中间不会出现停顿或跳跃。这与音乐理论中的音阶移动形成了鲜明的对比，后者常常是跳跃式的，从一个音阶直接跳到另一个音阶。

值得注意的是，尽管声调的音高是相对的，但声调内部高低升降的比例关系却是固定且不变的，这为人们理解和解析声调提供了重要的线索。

第二节　普通话的调值和调类

前面说声调是音节的高低、升降的音高变化，这是比较概括的说法。仔细说起来，声调的概念包括调值和调类两个方面。下面从调值、调类这两个方面对声调进行分析。

一、调值、调型和调类

调值指声调的高低、升降和曲直、长短的变化形式，就是声调的实际读法。

调型是声调的表现形态，它是声调音高曲线的形状，反映声调调值的变化过程。比如，某个字的声调起音很高、收音也很高，那么就在竖标的左边从最高到最高画一条线，表示这是一个高平型的调子，这就是调型。

调类就是声调的分类，是根据声调的实际读法归纳出来的。有几种实际读法就有几种调类，也就是将相同调值的字归为一类。普通话有 4 个调类，汉语方言中最多的有 10 个调类。现代汉语普通话和各方言的调类都是从古代的四声演变来的，在演变的过程中有分有合，形成非常复杂的局面。

声调的标记法有多种形式，比如调值标记法是用数字说明该声调的调值，调号标记法是用描写调值的调型符号来说明声调的高低走向，调类标记法则沿用古代的“平上去入”等名称作为某一类声调的代表或者用抽象符号放在方块汉字的上下左右以表示调类。如果采用调号标记法，那么声调符号要标在音节的主要元音上。

二、调类和调值的关系

调类与调值的关系是“名”和“实”的关系。调类是声调的名称，调值是声调的实际读音。调类的多少取决于调值的多少。就一种方言来说，语音中有几种基本调值，就可以归纳出几种调类。普通话中有 4 种基本调值，归纳出的调类也是 4 种。分析普通话音节的声调，就是从调值和调类两个方面进行的。

三、普通话声调系统

普通话有 4 个调类，也叫作四声，即阴平（第一声）、阳平（第二声）、上声（第三声）、去声（第四声）。四声的调值不同：阴平是高平 55，阳平是中升 35，上声是降升 214，去声是高降 51，见表 6-1。

（1）阴平。高而平，叫高平调。发音时由 5 度到 5 度，基本没有升降变化，调值为 55。

例字：妈　乎　酣　先　通

（2）阳平。由中音升到高音，叫中升调。发音时由 3 度升到 5 度，调值为 35。

（3）上声。由半低音降到低音再升到半高音，叫降升调。发音时由 2 度降到 1 度，再

升到 4 度，调值为 214。

例字：马　虎　喊　显　桶

（4）去声。由高音降到低音，叫高降调。发音时由 5 度降到 1 度，调值为 51。

例字：骂　户　汉　县　痛

表 6-1　普通话的调类、调值和调型

调类	例字	调值	调型	调号	说明
阴平	妈　科　非　当	55	高平	¯	起音高高一路平
阳平	麻　学　常　狼	35	中升	ˊ	由中到高往上升
上声	马　有　好　酒	214	降升	ˇ	低降后升曲折起
去声	骂　用　记　带	51	全降	ˋ	高起猛降到低音

五度标记法是赵元任为把调值描写得具体易懂而创造的一种标记调值相对音高的方法。五度标记法用一条竖线作为标尺，将声调的相对音高分为五度，分别用数字 1，2，3，4，5 表示。根据音高变化的形式，制成五度标调符号，有时也采用两位或三位数字表示。但是在发单音节字时，声调不仅有音高的变化，还在音强（伴随着呼出气流的强弱控制）和音长层面有着明显的变化。如图 6-1 所示，横坐标代表音长，纵坐标代表相对音高，线条的粗细代表呼出气流的强弱控制。线条越粗，代表呼出气流越强；线条越细，则代表呼出气流越弱。

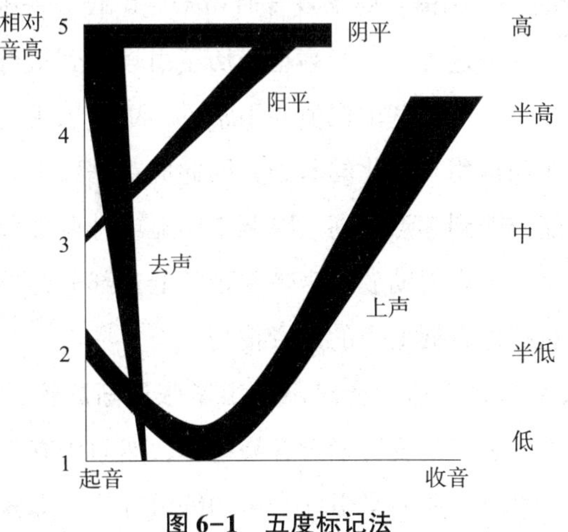

图 6-1　五度标记法

第三节　普通话声调发音要领

声调，作为语音学习的一大难点，其复杂性远超声母和韵母。这不仅因为声调涉及音高的变化，更因为它直接影响到语义的表达。精准地掌握和运用声调是语音学习的核心挑战。

（1）阴平，其调值标定为55，意味着在发音过程中，声带需保持持续紧张，以产生稳定且高音的声调。这种声调的特点在于其高而平直的音高走向，为其他三种声调提供了音高的参考基准。若阴平的调值掌握得不准确，将会对其他声调的发音造成显著影响。例如，阴平调值过低或过高可能导致去声的降调无法实现或阳平的升调难以达到预定高度。为了有效地练习阴平，建议首先通过单韵母进行高、中、低三种平调的发音训练，以此体验不同音高下声带的紧张与松弛状态，进而更准确地掌握阴平的高平调值，并为后续复杂的升降曲调的学习奠定坚实的基础。

（2）阳平，其调值为35，标志着发音时声带由初始的适中紧张逐渐过渡到高度紧张，音高也随之由中音区升至高音区。多数人在尝试达到这一升调时面临困难，主要原因在于起点音高设定过高，导致声带在发音初始阶段已经过度紧张，无法再进一步拉紧以提升音高。为解决这一问题，应首先尝试放松声带，随后再逐渐拉紧，以实现阳平的升调效果。具体练习方法：先发出一个去声以放松声带，随后迅速转为一个升调，以此来模拟阳平的声调变化。

（3）上声，其独特的214调值，要求发音时声带先由较为松弛的状态逐渐过渡到最松弛状态，然后迅速拉紧。这一过程中，音高也经历了由较低到最低，再快速上升的复杂变化。在实际的语言应用中，上声的基本调值并不常见，更多出现的是其变化后的调值。然而，掌握基本调值是理解和运用其变化的基础，因此应首先致力于准确发出上声的基本调值。在练习过程中，可能会遇到起点过高、降调不明显或升调部分过长等问题。为解决这些问题，建议先发出一个去声来帮助放松声带并延长低音部分的持续时间，紧接着发出一个短促的升调，以此来更好地掌握上声的发音技巧。

（4）去声，其调值为51，表示发音时声带由紧张逐渐放松，音高也随之从最高降到最低。对于大多数人来说，去声的发音相对容易掌握，然而仍有人在尝试发全降调时面临困难。为解决这一问题，可以采用阴平引导去声的练习方法，即先发出一个阴平以拉紧声

带，随后在保持阴平音高的基础上逐渐放松声带，从而实现去声的全降调效果。通过多读阴平和去声相连的词语，也有助于更好地掌握去声的发音技巧。

容易出现的问题：阴平调值不够高，阳平上不去，上声硬拐弯，去声下不来。

解决方案（要和气息控制相结合）：

阴平：起音高平莫低昂，气势平均不紧张。

阳平：从中起音向上扬，用气弱起逐渐强。

上声：上声先降转上挑，降时气稳扬时强。

去声：高起直降向低唱，强起到弱气通畅。

第四节　声调练习

一、声调练习和相关注意事项

练习声调时，可以通过同声调的单音节字，顺序声调的单音节字，顺序声调的四音节词、双音节词，逆序声调的四音节词的对比练习及绕口令进行练习。

掌握好调值的发音方法至关重要，这里提供一个小口诀，读者可根据这个口诀进行想象，寻找画面感，并将口诀牢记在心。

调值口诀

蓝蓝的天上白云飘（阴平），两个和尚抬水喝（阳平），

长长的头发甩头来（上声），落下来（去声）。

在练习声调时要注意以下内容：音高要有度，高而不喊；音低要有力，低而不散；音高要声轻，轻而不浮（加强胸腔共鸣）；音低要字沉，沉而不浊（加强头腔共鸣）；音量

加大时，气足而不拙；音量减小时，气少而不虚。[①]

可以用一篇《施氏食狮史》[②] 来进行声调的“内卷式”练习。

（原文）石室诗士施氏，嗜狮，誓食十狮。施氏时时适市视狮。十时，适十狮适市。是时，适施氏适市。施氏视是十狮，恃矢势，使是十狮逝世。氏拾是十狮尸，适石室。石室湿，氏使侍拭石室。石室拭，氏始试食是十狮尸。食时，始识是十狮尸，实十石狮尸。试释是事。

（译文）石头屋子里有一个诗人姓施，他喜欢吃狮子，发誓要吃掉十头狮子。这位施先生常常去市场寻找狮子。一天上午十点钟的时候，正好有十头大狮子到了市场。这时候，这位施先生正好也到了市场。于是，这位施先生注视着这十头狮子，凭借着自己的十把石头弓箭，把这十头狮子杀死了。施先生扛起狮子的尸体走回石头屋子。石头屋子很潮湿，施先生让仆人擦拭石头屋子。擦好以后，施先生开始尝试吃这十头狮子的尸体。当他吃的时候，才识破这十头狮尸，并非真的狮尸，而是十头用石头做的狮子的尸体。施先生这才意识到事情的真相。请大家尝试解释这件事情。

（注音版原文）石（shí）室（shì）诗（shī）士（shì）施（shī）氏（shì），嗜（shì）狮（shī），誓（shì）食（shí）十（shí）狮（shī）。施（shī）氏（shì）时（shí）时（shí）适（shì）市（shì）视（shì）狮（shī）。十（shí）时（shí），适（shì）十（shí）狮（shī）适（shì）市（shì）。是（shì）时（shí），适（shì）施（shī）氏（shì）适（shì）市（shì）。施（shī）氏（shì）视（shì）是（shì）十（shí）狮（shī），恃（shì）矢（shǐ）势（shì），使（shǐ）是（shì）十（shí）狮（shī）逝（shì）世（shì）。氏（shì）拾（shí）是（shì）十（shí）狮（shī）尸（shī），适（shì）石（shí）室（shì）。石（shí）室（shì）湿（shī），氏（shì）使（shǐ）侍（shì）拭（shì）石（shí）室（shì）。石（shí）室（shì）拭（shì），氏（shì）始（shǐ）试（shì）食（shí）是（shì）十（shí）狮（shī）尸（shī）。食（shí）时（shí），始（shǐ）识（shí）是（shì）十（shí）狮（shī）尸（shī），实（shí）十（shí）石（shí）狮（shī）尸（shī）。试（shì）释（shì）是（shì）事（shì）。

---

① 杨立岗：《正音学》（修订版），中国广播影视出版社，2007，第51页。

② 选自赵元任编写的《语言问题》。

二、声调练习材料

1. 四声单字练习

阴平（ā）：安　班　包　擦　参　春　搭　飞　跟　哈　慌　家

阳平（á）：白　才　读　从　凡　红　国　房　韩　局　狂　兰

上声（ǎ）：准　指　友　雪　五　晚　鼠　笔　骨　请　普　暖

去声（à）：四　探　特　痛　物　月　业　半　浩　庆　动　定

2. 四声多字练习

春天花开	居安思危	攀登高峰	高空飞机	江山多娇	声东击西
人民银行	河流长存	连年盈余	名存实亡	池塘鲇鱼	群情昂扬
彼此理解	永远友好	理想美满	管理很好	果敢勇猛	岂有此理
浴血奋战	创造利润	变幻莫测	现在上课	下次注意	世界教育

3. 按四声顺序词语练习

风冯讽凤	通同桶痛	抛袍跑泡	先贤显现	乌吴武物	迂鱼语遇
西席洗细	优油友幼	身神审肾	翻繁反泛	哥格葛各	辉回毁会

4. 双音节词语练习

1）去声连接阳平（à—á）

上学　问题　过年　未来　自觉　地图　秘诀　顺从　面条　路程

2）去声连接上声（à—ǎ）

政府　字母　至少　冻雨　个体　戏曲　地理　跳舞　忏悔　大脑

3）阴平连接去声（ā—à）

公共　区域　粗细　出处　欢乐　音乐　丰富　压迫　花絮　观念

4）阳平连接去声（á—à）

别动　华夏　杂志　存在　服务　容易　结束　的确　回去　锤炼

5）阴平连接上声（ā—ǎ）

钢笔　风险　出产　家长　操场　溪水　温暖　真理　关岭　擦洗

6）阴平连接阳平（ā—á）

功劳　珍奇　鲜红　花红　青年　川流　诗人　发达　分别　忽然

7）阳平连接上声（á—ǎ）

杨柳　洪水　苹果　茶水　纯碱　执法　城北　折本　俘虏　国宝

5. 按四声顺序读下列语句（ā—á—ǎ—à）

中华有志　新型体制　坚持改进　发扬巩固　山河美丽　花红柳绿　风调雨顺
丰年景象　精神可佩　师德典范　光明磊落　山盟海誓　山明水秀　非常好记
钻研努力　阴阳上去　科学有用　多读几遍　鸡鸣狗盗　安全保障　千锤百炼

6. 按四声逆序读下列语句（à—ǎ—á—ā）

破釜沉舟　弄巧成拙　奋起直追　调虎离山　逆水行舟　字里行间　步履维艰
痛改前非　救死扶伤　信以为真　妙手回春　异口同声　袖手旁观　万古流芳
覆水难收　笑里藏刀

7. 词语对比练习

按时—暗示—安适　边界—变节—辩解　补发—步伐—不法
餐具—残局—惨剧　穿通—传统—串通　初期—出奇—出气
抵制—地址—地质　通知—同志—统治　抚育—赋予—富裕
官吏—管理—惯例　礼节—理解—历届　妖艳—谣言—耀眼
仙境—险境—陷阱　声称—生成—省城　争辩—整编—政变
诗集—时机—实际　新图—信徒—心土　实施—事实—逝世

8. 绕口令

任命是任命，人名是人名，任命人名不能错，错了人名就下错了任命。

白伯伯，彭伯伯，饽饽铺里买饽饽。白伯伯买的饽饽大，彭伯伯买的大饽饽。拿到家里喂婆婆，婆婆又去比饽饽。不知白伯伯买的饽饽大，还是彭伯伯买的饽饽大？

桐树满桐子，桐下满童子，童子要桐子，桐子不给童子。童子用筒子打桐子，桐子不落，童子不乐。桐子落，童子乐。

苏州玄妙观，东西两判官；东判官姓潘，西判官姓关；关判官要管潘判官，潘判官

要管关判官；闹得谁也不服管。

学好声韵辨四声，阴阳上去要分明。部位方法须找准，开齐合撮属口形。双唇班抱必百波，抵舌当地斗点钉。舌根高狗坑耕故，舌面机结教尖精。翘舌主争真志照，平舌资责早在增。擦音发翻飞分副，送气茶柴产彻称。合口忽舞枯胡古，开口河坡歌安争。嘴撮虚学寻徐剧，齐齿衣优摇业英。抵腭恩音烟弯稳，穿鼻昂迎中拥生。咬紧字头归字尾，不难达到纯和清。

9. 声调辨正练习

八百　剥皮　冰雹　铅笔　驳斥　柏林　手册　侧目　斥责　促进
彻底　答复　重叠　跌足　蝴蝶　踱步　读书　名额　恶习　扼要
遏制　愕然　恶心　鳄鱼　惩罚　仿佛　辐射　蝙蝠　复习　搁浅
胳膊　骨朵　山谷　黑夜　豁口　惑众　霍乱　垃圾　立即　供给
嫉妒　棘手　脊梁　夹衣　脸颊　夹道　嚼舌　抢劫　角色　鞠躬
倔强　瞌睡　渴望　窟窿　轮廓　克服　乐趣　勒索　勒紧　肋骨
沙砾　霹雳　效率　优劣　法律　蔑视　墨汁　广漠　沐浴　茉莉
亲昵　溺爱　捏造　诺言　虐待　匹配　撇嘴　偏僻　泼辣　朴素
逼迫　魂魄　撇开　仆人　瀑布　祈求　掐断　地壳　屈服　曲调
雀跃　喜鹊　热心　褥子　耻辱　弱点　撒网　撒种　索取　飒爽
霎时　掉色　折本　什锦　芍药　虱子　解释　蟋蟀　宿舍　风俗
塌陷　宝塔　拓本　特殊　妥帖　字帖　铁路　凸凹　开拓　委托
沃土　房屋　物体　舞台　吸收　膝盖　明晰　吓人　挟制　裹挟
旭日　体恤　宣泄　剥削　穴位　白雪　血压　纸屑　一宿　楔子
辖区　空隙　画押　粤剧　草药　钥匙　呜咽　液体　谒见　战役
防疫　飘逸　络绎　屹立　监狱　阅读　忧郁　欲望　悦目　锁钥
淋浴　抑制　跳跃　超越　跃进　容易　凶煞　潮湿　握手　页码
作业　杂志　砸碎　穿凿　准则　责备　铡刀　择菜　挣扎　栅栏
摘要　狭窄　高招　折叠　车辙　投掷　瞩目　卓越　笨拙　衣着
着急　雕琢　作坊　酌情　士卒　旗帜　窒息　蜡烛　捉弄　茁壮

第七章

语流音变——准确表意的关键

前面详细地了解了声母、韵母和声调的基本概念及特性，然而，在实际的语言交流中，人们会发现某些音节的声、韵、调在发音时会产生一些变化，这与我们学习的标准发音似乎有所出入。这其实是一个被称为“语流音变”的语言现象。由于受到相邻音节的相邻音素的影响，一些音节中的声母、韵母或声调会发生语音的变化，称之为语流音变。①简而言之，语流音变就是在连续的语流中，由于音节间的相互影响而产生的发音变化。为了更深入地了解这一语言现象，本章将对语流音变进行详细的剖析。

在普通话的语境下，语流音变主要体现在以下几个方面：变调、儿化、轻声、语气词“啊”的音变，以及词的轻重格式。这些变化不仅丰富了语言的表达，也使得普通话更加富有韵律和节奏感。下面将逐一深入探讨这些语流音变的具体表现和规律。

第一节　变调

音节在连续时，相邻音节声调发生的变化现象叫作变调。②普通话中的变调主要包括上声变调、去声变调、“一”“不”的变调及重叠形容词的变调。

---

① 吴弘毅：《实用播音教程》第一册，北京广播学院出版社，2002。

② 同①。

一、上声变调

普通话上声字单念或在词语句子的末尾时，其调值不变，念全调 214，但处在阴平阳平去声和上声字之前时，其调值都有所变化。变化规律可用以下贯口记忆：**单发句尾调不变，非上之前变半上，上声字前近阳平，三上相近要注意，前两似扬二稍轻，去去相连前半降。**

试比较：

上声+阴平：语音、好听、两张、买车

上声+阳平：语言、好玩、两条、买房

上声+去声：语义、好墨、两块、买布

上声+上声：语法、好笔、两碗、买米

可以明确观察到上声在与其他声调（阴平、阳平、去声）及另一个上声组合时，会发生特定的变调现象。这种变调在上声与不同声调相遇时表现出明显的差异，这反映了汉语语音的复杂性和韵律美感。

当两个上声音节相连时，前一音节的上声调值会发生显著变化，与其他三声（阴平、阳平、去声）前的上声调值相比，呈现出截然不同的特点。这种变化是汉语语音中的一种自然规律，旨在使语言更加流畅、和谐，并减少发音上的困难。

具体来说，在两个上声相连的情况下，第一个上声的调值通常会发生变化，以适应后续的音节。这种变化可能包括音高的升降、音长的缩短或延长等，从而使得整个词组在发音上更加顺畅。这种变调现象是汉语独有的，也是其语音魅力的一部分。

因此，当竖行比较上列各词时，能够清晰地感受到上声在不同情况下的变调现象。这不仅展示了汉语语音的丰富性，也提醒我们在学习和运用汉语普通话时，要细致入微地掌握每一个音节的音变规律。

汉语普通话中上声的音变规律是：上声字在单独发音或在词语、句子的末尾时，保持其原有的调值 214，这是一个完整的降升调。然而，在非上声声调前，上声的实际读音会由原本的 214 变为 21，即只保留降的部分而省略了升的部分，这种变化被称为“半上”。特别值得注意的是，当遇到两个上声字相连时，前面的上声字的调值会发生更为显著的变化。具体来说，它的调值会从214变为接近阳平的34，即声调从低音区快速升至高音区，但不再下降。这种变调使得两个上声字相连时的发音更为和谐，减少了语音上的冲突和拗口。

上声相连的变调情况分为3种，一种是两个上声相连的变调情况，除此之外还有3个上声相连和4个及以上上声相连的情况。

1. 3个上声相连的变调规律

3个上声音节相连，根据音节之间结合的紧密程度不同，其变调分为两种情况。

（1）如果词语的结构是双音节+单音节（双单格），那么前两个音节都变为近似阳平，调值为34。例如：

展览馆　　草稿纸　　打靶场　　选举法

（2）如果词语的结构是单音节+双音节（单双格），那么第一个音节变为半上，调值为211，第二个音节变为近似阳平，调值为34。例如：

好产品　　女领导　　耍笔杆　　买雨伞

2. 4个及以上上声相连的变调规律

4个或4个以上上声音节相连，可以根据音节结合的紧密程度将词语分组后按双音节或三音节上声变调规律变调。例如：

彼此/友好　买把/雨伞　岂有/此理

领导/很了解　我请/老李讲　蒙古语/好懂

我请/表姐/给我讲/舞蹈/表演。

你把/美好/理想/给领导/讲讲。

我有/五把/小雨伞。

省体委/铁脚板/小李/百米跑/九秒九九。

二、“一”“不”的变调

1. “一”的变调

（1）“一”单念，在词句末尾，表示序数基数或后面跟着别的数词时，读本调阴平。

例如：

一　　始终如一　　统一　　第一　　十一　　一九九一年

(2)“一”在去声前读近似阳平。例如：

一半　　一定　　一道　　一度　　一会儿　　一唱一和

(3)“一”在非去声（阴平、阳平、上声）前，读去声。例如：

一心　　一边　　一年　　一团　　一口　　一起

(4)“一”嵌在重叠动词中间读轻声。例如：

听一听　　谈一谈　　想一想　　看一看

2.“不”的变调

(1)“不”单念，在词句末尾或非去声（阴平、阳平、上声）前读本调去声。例如：

不　　我决不　　不说　　不玩　　不写

(2)“不”在去声前读近似阳平。例如：

不看　　不错　　不去　　不对　　不够

(3)“不”夹在重叠动词或形容词之间，或用在做补语的动词形容词之前时，读轻声。例如：

信不信　　听不听　　好不好　　美不美

打不开　　谈不拢　　看不清　　走不远

三、去声变调

去声音节变调有以下规律：去声音节在非去声音节前一律不变，在去声音节前则由全降（51）变为半降（53）。例如：

记录　　摄像　　赞颂　　救护　　制胜　　速递　　验货　　贵重　　内陆　　病号

畏惧　　害怕　　戏剧　　项目　　愤怒　　互助　　过渡　　迅速　　教训　　大路

号召　　电话　　介绍　　痛斥　　录制　　重要

第二节　儿化

一、儿化的概念

普通话以北京话为基础方言，儿化现象是北京话的特点之一，主要是由词尾“儿”变化而来。词尾“儿”本是一个独立的音节，由于在口语中处于轻读的地位，长期与前面的音节流利地连读而产生音变，“儿”（er）失去了独立性，只保持一个卷舌动作，使两个音节融合成为一个音节，前面的音节或多或少地发生变化。这种语音现象就是“儿化”，这种带有卷舌色彩的韵母就叫“儿化韵”。[①] 儿化音节虽然用两个汉字表示，但并不是两个音节，读的时候仍要念成音节，拼写的时候在原来的韵母的后面加上一个“r”，如“花儿”拼音应写成 huār。

韵母儿化大致有两种情况。一种是虽然儿化了，但原韵母不变，如：“号码儿”（hào mǎr）中的“码”，虽然儿化了，但韵母还是 ɑ；另一种是儿化后，原韵母发生了变化，如：“树根儿”（shù gēnr）中的“根”（gēn），儿化后，它的韵尾 n 丢失，实际读成了 shù gēr。由于儿化，有的韵母发生了变化，这样，有些音节本来是不同音的，却变成同音的了。如“针”和“枝”是两个不同音的字，儿化之后，成了“针儿”和“枝儿”，变成读音相同的了。普通话的韵母除了 e、er 不能儿化外（ueng 一般也不儿化），其他韵母都可以儿化。

二、儿化的音变规律及练习

（1）韵母或韵尾音素是 ɑ、o、e、u 的音节，儿化时只在原韵母后加卷舌动作。例如：

① 吴弘毅：《实用播音教程》第一册，北京广播学院出版社，2002。

a—ar	刀把儿	戏法儿	找碴儿	腊八儿	号码儿
ia—iar	豆芽儿	掉价儿	脚丫儿	人家儿	书架儿
ua—uar	麻花儿	牙刷儿	笑话儿	香瓜儿	画画儿
o—or	耳膜儿	粉末儿	山坡儿	歪脖儿	薄膜儿
uo—uor	火锅儿	邮戳儿	被窝儿	花朵儿	大伙儿
ao—aor	红包儿	手套儿	口哨儿	熊猫儿	半道儿
iao—iaor	火苗儿	跑调儿	开窍儿	豆角儿	线条儿
e—er	模特儿	饭盒儿	方格儿	风车儿	逗乐儿
u—ur	火炉儿	碎步儿	泪珠儿	括弧儿	小屋儿
ou—our	纽扣儿	门口儿	小丑儿	网兜儿	派头儿
iou—iour	加油儿	棉球儿	顶牛儿	套袖儿	没救儿

（2）韵尾是 in（除 in、ün 外）的音节，儿化时失落韵尾，在主要元音上加卷舌动作。例如：

ei—er，ai—ar	刀背儿	名牌儿	摸黑儿	鞋带儿	小孩儿
	宝贝儿	窗台儿	眼泪儿	活塞儿	倍儿棒
an—ar	快板儿	老伴儿	脸蛋儿	心肝儿	纽襻儿
ian—iar	小辫儿	雨点儿	聊天儿	心眼儿	冒烟儿
en—er	老本儿	别针儿	杏仁儿	后门儿	评分儿
uei—uer	土堆儿	跑腿儿	墨水儿	烟灰儿	小鬼儿
uen—uer	打盹儿	冰棍儿	开春儿	保准儿	条文儿
uai—uar	土块儿	乖乖儿	一块儿		
uan—uar	茶馆儿	火罐儿	落款儿	遛弯儿	门环儿
üan—üar	汤圆儿	烟卷儿	人缘儿	绕远儿	眼圈儿

（3）韵尾是 ng 的音节，儿化时失落韵尾，韵腹鼻化。发元音软腭下降，口腔、鼻腔同时共鸣，并加卷舌动作。在元音上加~表示元音鼻化。例如：

ang—ãr	药方儿	赶趟儿	香肠儿	肩膀儿	帮忙儿
iang—iãr	鼻梁儿	透亮儿	花样儿	官腔儿	信箱儿

uɑng—uār　蛋黄儿　天窗儿　打晃儿　眼光儿　镜框儿

eng—ēr　钢镚儿　板凳儿　提成儿　门缝儿　脖颈儿

ing—iēr　水瓶儿　图钉儿　打鸣儿　电影儿　眼镜儿

ueng/ong—ōr　小瓮儿　果冻儿　胡同儿　酒盅儿　抽空儿

iong—üēr　小熊儿　叫穷儿

（4）韵母是 i、ü 的音节，包括韵母为-i（前）、-i（后）的音节，儿化时韵母不变，加卷舌音 er。例如：

i—ier　玩意儿　针鼻儿　垫底儿　眼皮儿　警笛儿

ü—üer　有趣儿　毛驴儿　小曲儿　金鱼儿　小雨儿

-i（前）—ier　瓜子儿　没词儿　挑刺儿　铁丝儿　写字儿

-i（后）—ier　记事儿　墨汁儿　锯齿儿　夜市儿　戒指儿

（5）韵腹实际音是 ê 的音节，儿化时 ê 变为卷舌音 er。例如：

ie—ier　半截儿　小鞋儿　台阶儿　树叶儿　麦秸儿

üe—üer　主角儿　皮靴儿　正月儿　空缺儿　木橛儿

（6）韵母是 in、ün 的音节，儿化时失落韵尾鼻音，i、ü 后加卷舌音 er。

in—ier　有劲儿　水印儿　送信儿　树荫儿　今儿

ün—üer　花裙儿　合群儿　喜讯儿

应特别注意，韵尾是 ng 的音节儿化时，如果元音不鼻化，会造成歧义。例如：

绳儿—神儿　棚儿—盆儿　杏儿—信儿　瓶儿—皮儿

缝儿—份儿　亮儿—链儿　腔儿—签儿　凉儿—帘儿

缸儿—肝儿　汤儿—摊儿　光儿—官儿　肠儿—茬儿

三、儿化的主要作用

（1）表示温和喜爱的感情色彩。例如：女孩儿、红花儿。

（2）形容少或细小轻微的状态和性质。例如：一点儿、小米儿。

（3）确定词性。兼作动词名词或兼作形容词名词的词，儿化后确定为名词词性。例如：盖—盖儿尖—尖儿。

（4）区别词义。例如：儿（脑袋）—头儿（带头的领导人）；白面（面粉）—白面儿（白色的粉末或指毒品海洛因）。

第三节　轻声

一、轻声的音变规律

轻声是四声之外的一种特别声调。在词语或句子里，有的音节常常失去原有的声调而读成又轻又短的调子，这种又轻又短的调子就是轻声。① 普通话的轻声都是从阴平、阳平、上声、去声四个声调变化而来的。轻声作为一种变调的语音现象，一定体现在词语和句子中，因此，轻声音节的读音不能独立存在。

轻声对某些词有区别词义的作用，如兄弟 xiōng di（指弟弟）—兄弟 xiōng dì（指哥哥和弟弟）。

轻声对某些词有区别词性的作用，如对头 duì tou（仇敌对手，名词）—对头 duì tóu（正确合适，形容词）。

另外，还有一部分双音节词第二个音节习惯上都读轻声，并没有区别词义或词性的作用，如神气、商量、丈夫。

一个词语是否读轻声，大体上有以下规律可循：

（1）语气词“吧、吗、呢、啊”等读轻声，如：行啊、好吧、去吗。

（2）助词“的、地、得、了、过、们”读轻声，如：大的、写了、买得起。

（3）名词后缀“子、儿、头”等读轻声，如：桌子、罐头、老头儿。

（4）方位词读轻声，如：天上、家里。

---

① 吴弘毅：《实用播音教程》第一册，北京广播学院出版社，2002。

(5) 重叠动词的末一个音节读轻声，如：过来、过去、干起来。

(6) 叠字名词读轻声，如：哥哥、娃娃、猩猩。

(7) 趋向动词读轻声，如：过来、过去、干起来。

轻声音节的音色变化是不稳定的。语音训练中应该掌握已经固定下来的轻声现象，即字典、词典中已经收入的，对于可读轻声也不可读轻声的音节，一般不读轻声。

二、轻声练习

玻璃杯子 谁的绳子 打开本子 木头棍子 关上窗户 十个学生 喜欢打扮 落在后头
三个姑娘 什么毛病 你的毯子 放在地下 待在家里 浮在河上 打个比方 回去问问
知道消息 容易明白 写在纸上 照顾弟弟 干净衣服 孩子活泼 想着母亲 饿着肚子
衣裳脏了 回去行吗 你们躲开 谢谢客人 天上星星 围着脖子 怎么搞的 掉了扣子

第四节　语气助词“啊”的音变

“啊”是表达语气感情的基本声音，用于句首或单念时，读音是［ɑ］；用于句尾时，作为助词，由于受前一个音节末尾音素的影响，读音常常发生变化。变化的规律如下：

(1) 当前面音节末尾的音素是 ɑ、o、e、ê、i、ü 时，读音变为［yɑ］，汉字写作“啊”或“呀”。例如：

是他啊！　要注意节约啊！　真多啊！　要好好学习啊！　多新的车啊！　好大的雨啊！

(2) 当前面音节末尾的音素是 u（含 ɑo、iɑo）时，读音变为［wɑ］，汉字写作“啊”或“哇”。例如：

在哪儿住啊？　大家跳啊！

(3) 当前面音节末尾的音素是 n 时，读音变为［nɑ］，汉字写作“啊”或“哪”。例如：

怎么办啊？　加油干啊！　要小心啊！

(4) 当前面音节末尾的音素是 ng 时，读音变为［nga］，汉字仍写作“啊”。例如：

大家唱啊！　认真听啊！　往上冲啊！

(5) 当前面一个音节韵母是舌尖后元音-i 时，读［ra］，汉字仍写作“啊”。例如：

这是一件大事啊！　快吃啊！

(6) 当前面一个音节的韵母是舌尖前元音-i 时，读［za］，汉字仍写作“啊”。例如：

去过几次啊！　他才十四啊！

> 为了方便记忆，编制以下贯口方便大家记忆语气助词“啊”的音变规律：
> 一 ya 二 ra 三 na 四 za 五 wa 六 nga 七啊！

第五节　词语的轻重格式

一、词的轻重格式

在构成连续语流的多个音节中，其声音的响亮程度并非均等。其中，某些音节的声响显著地盖过了其他音节，将这类音节定义为重音音节；相反，那些在语流中声响相对微弱的音节，则被归类为轻音音节。当然，还存在一种介于这两者之间的音节，称其为中音音节。

在普通话的双音节词中，听觉上常常可以感知到后一个音节的音量相对更为突出。而对于三音节词，通常情况下，中间的音节会显得较为微弱，而首尾两个音节的音量则相对较大。值得注意的是，除了三音节词中的中间音节会明显变轻之外，其他音节之间的音量差异并不十分显著。更为重要的是，改变重音的位置并不会对词义或语法结构产生影响。

举例来说，“工事”与“攻势”、“散步”与“散布”，以及“公鸡”与“攻击”，这三组词汇虽然音节完全相同，但它们的词义和语法结构却截然不同。在这些词汇中，重音通常落在最后一个音节上。然而，重音也可以移动到前一个音节上，这样的移动并不会改变词汇的语义或语法结构，而只是有时为了强调前一个音节的语义重点。这种现象揭示了汉语中重音的复杂性和灵活性，以及重音与语义、语法之间的微妙关系。

二、双音节词的轻重格式及发音训练

（1）中重格式

例如：日食　冬至　天亮　花生　民主　心慌　性急

（2）重轻式

例如：事情　月亮　打算

（3）重中式（可作重轻式，总数不多）

例如：经验　视觉　界限　记者

三、三音节词的轻重格式及发音训练

（1）中中重

例如：播音员　收音机　天安门

（2）中重轻

例如：枪杆子　老头子　胡萝卜　牛脾气

（3）中轻重

例如：小不点　说得来　大不了　对不起

四、四音节词的轻重格式及发音训练

（1）中重中重

例如：丰衣足食　耳濡目染　龙飞凤舞　花好月圆

（2）中轻中重

例如：社会主义　高高兴兴　大大方方　奥林匹克

（3）重中中重

例如：惨不忍睹　诸如此类　义不容辞

提示：

只有掌握了词的轻重格式，才能把话说得清楚自然，符合普通话的要求。词的轻重格式是约定俗成的，不是规定的。

第八章
识读训练材料

语言，这一人类沟通交流的神奇工具，其意义远超过简单的字音传递。在人类社会的发展历程中，语言不仅承载着信息传递的任务，更是思想、情感和文化的表达方式。然而，如果仅仅停留在语言的表面，只满足于日常的简单交流，那就大大低估了语言的力量和美感。

为了让语言真正发挥它的作用，需要对它进行细致的雕琢。这就像一块未经雕琢的玉石，只有经过精心打磨，才能绽放出其内在的光彩。语言也是如此，通过不断地锤炼和优化，可以使其更加精准、生动，从而更好地传递思想和情感。

“腹有诗书气自华”，这句古话深刻地揭示了读书与语言修养之间的内在联系。当通过阅读和学习来充实自己时，我们的语言也会自然而然地变得更加丰富和优雅。这种语言的提升不仅能够在不同的社交场合中规范我们的表达，使我们更加得体、恰当地与人交往，还能让我们更深刻地感受到语言本身的美感。

此外，引经据典同样是一种提升语言表达能力的有效方法。通过引用古人的智慧结晶，不仅可以为自己的观点提供有力的支撑，还能在无形中增添语言的厚重感和文化底蕴。这种表达方式不仅能够提升说服力，还能让语言更具魅力和深度。

语言作为人类交流沟通的工具，其潜力远超过我们日常的想象。通过雕琢语言、充实自我及引经据典，可以让自己的语言更加生动、优雅和具有说服力。这不仅是对个人语言表达能力的提升，更是对文化传承和发扬的一种贡献。

第一节 识读国名

东北亚	中国、日本、韩国、朝鲜、蒙古国
东南亚	越南、柬埔寨、老挝、泰国、缅甸、菲律宾、文莱、马来西亚、新加坡、印度尼西亚、东帝汶
南亚	尼泊尔、不丹、巴基斯坦、印度、孟加拉国、马尔代夫、斯里兰卡
中亚	哈萨克斯坦、吉尔吉斯斯坦、塔吉克斯坦、乌兹别克斯坦、土库曼斯坦
西亚	阿富汗、伊朗、伊拉克、叙利亚、黎巴嫩、以色列、巴勒斯坦、约旦、沙特阿拉伯、巴林、卡塔尔、科威特、阿拉伯联合酋长国、阿曼、也门、格鲁吉亚、亚美尼亚、阿塞拜疆、土耳其、塞浦路斯
北欧	冰岛、丹麦、挪威、瑞典、芬兰
西欧	英国、爱尔兰、法国、摩纳哥、荷兰、比利时、卢森堡
中欧	德国、瑞士、列支敦士登、波兰、捷克、斯洛伐克、奥地利、匈牙利
东欧	爱沙尼亚、拉脱维亚、立陶宛、白俄罗斯、乌克兰、摩尔多瓦、俄罗斯
南欧	葡萄牙、西班牙、安道尔、意大利、圣马力诺、梵蒂冈、马耳他、斯洛文尼亚、克罗地亚、波斯尼亚和黑塞哥维那、黑山、塞尔维亚、阿尔巴尼亚、北马其顿、保加利亚、希腊、罗马尼亚、塞浦路斯
北非	埃及、利比亚、突尼斯、阿尔及利亚、摩洛哥
西非	尼日尔、布基纳法索、马里、毛里塔尼亚、尼日利亚、贝宁、多哥、加纳、科特迪瓦、利比里亚、塞拉利昂、几内亚、几内亚比绍、塞内加尔、冈比亚、佛得角
中非	乍得、中非、喀麦隆、刚果民主共和国、刚果共和国、加蓬、赤道几内亚、圣多美和普林西比
东非	吉布提、索马里、厄立特里亚、埃塞俄比亚、苏丹、南苏丹、肯尼亚、坦桑尼亚、乌干达、卢旺达、布隆迪、塞舌尔
南非	安哥拉、赞比亚、马拉维、莫桑比克、纳米比亚、博茨瓦纳、津巴布韦、南非、斯威士兰、莱索托、马达加斯加、毛里求斯、科摩罗
大洋洲主体	澳大利亚、新西兰
密克罗尼西亚	帕劳、密克罗尼西亚联邦、马绍尔群岛、瑙鲁、基里巴斯

续表

美拉尼西亚	巴布亚新几内亚、所罗门群岛、瓦努阿图、斐济
波利尼西亚	图瓦卢、萨摩亚、汤加、纽埃、库克群岛
北美	加拿大、美国
中美洲	墨西哥、危地马拉、伯利兹、萨尔瓦多、洪都拉斯、尼加拉瓜、哥斯达黎加、巴拿马
加勒比地区	巴哈马、古巴、牙买加、海地、多米尼加共和国、圣基茨和尼维斯、安提瓜和巴布达、多米尼克、圣卢西亚、巴巴多斯、圣文森特和格林纳丁斯、格林纳达、特立尼达和多巴哥
南美北部	哥伦比亚、委内瑞拉、圭亚那、苏里南
南美西部	厄瓜多尔、秘鲁、玻利维亚
南美东部	巴西
南美南部	智利、阿根廷、乌拉圭、巴拉圭

第二节 识读岛屿

格陵兰岛，在北美，属丹麦。

新几内亚岛，太平洋西部，澳大利亚东北部。

加里曼丹岛，中国南海南部，马来群岛的一部分，分属文莱、马来西亚、印度尼西亚三国。

苏拉威西岛，马来群岛中部，属印度尼西亚。

苏门答腊岛，马来半岛南部，印度洋东部，属印度尼西亚。

爪哇岛，苏门答腊东南部，马来群岛的一部分，属印度尼西亚。

马达加斯加岛，非洲东南部，坦桑尼亚东部，属马达加斯加。

大不列颠岛，欧洲西北部，属英国。

冰岛，大西洋北部，属冰岛共和国。

爱尔兰岛，位于大不列颠岛西部，北部属英国，南部属爱尔兰。

本州岛，东亚东部，太平洋西部，属日本。

北海道，太平洋西北部，日本本州岛北部，属日本。

九州岛和四国岛，在本州岛南部，中国东海东部，属日本。

库页岛，黑龙江入海口东部，太平洋西北，属俄罗斯。

埃尔斯米尔岛，北冰洋靠北美一侧，属加拿大。

班克斯岛，北冰洋靠北美一侧，属加拿大。

塔斯马尼亚岛，澳大利亚南部，属澳大利亚。

新西兰南岛和北岛，太平洋南部，属新西兰。

火地岛，南美洲南部，麦哲伦海峡和德雷克海峡之间，分属阿根廷和智利。

科西嘉岛，地中海北部，属法国。

撒丁岛，科西嘉岛南部，意大利西部，地中海中西部，属意大利。

西西里岛，地中海中部，属意大利。

克里特岛，地中海中部，巴尔干南部，属希腊。

塞浦路斯岛，地中海西部，属塞浦路斯。

马耳他岛，地中海中部，属马耳他。

台湾岛和海南岛，太平洋西部，属中华人民共和国。

古巴岛，位于加勒比海，墨西哥湾东南，佛罗里达半岛南部，属古巴。

海地岛，位于古巴岛东部，属多米尼加和海地。

吕宋岛，南海南部，属菲律宾。

莱特岛，位于菲律宾南部。

纽芬兰岛，北美东部，圣劳伦斯河入海口外，属加拿大。

斯里兰卡，印度半岛南部，属斯里兰卡。

斯瓦尔巴群岛，欧洲北部，与北冰洋之间，属挪威。

新地岛，北冰洋与俄罗斯之间，属俄罗斯。

新喀里多尼亚岛，太平洋西南部。

斐济岛，太平洋南部，属斐济。

第三节　朝代歌

人教版

三皇五帝始，尧舜禹相传。
夏商与西周，东周分两段。
春秋和战国，一统秦两汉。
三分魏蜀吴，二晋前后延。
南北朝并立，隋唐五代传。
宋元明清后，皇朝至此完 。

香港版

炎黄虞夏商，周到战国亡，秦朝并六国，嬴政称始皇。
楚汉鸿沟界，最后属刘邦，西汉孕新莽，东汉迁洛阳。
末年黄巾出，三国各称王，西晋变东晋，迁都到建康，
拓跋入中原，国分南北方，北朝十六国，南朝宋齐梁，
南陈被隋灭，杨广输李唐，大唐曾改周，武后则天皇，
残皇有五代，伶官舞后庄，华夏分十国，北宋灭南唐，
金国俘二帝，南宋到苏杭，蒙主称大汗，最后被明亡，
明到崇祯帝，大顺立闯王，金田太平国，时适清道光，
九传至光绪，维新有康梁，换位至宣统，民国废末皇，
五四风雨骤，建国存新纲，抗日反内战，五星红旗扬。

苏教版

三皇五帝夏商周，春秋战国乱悠悠。

秦汉三国东西晋，南朝北朝是对头。

隋唐五代又十国，宋元明清帝王休。

第四节　历史人物

春秋：齐桓公（小白）、管仲、隰朋、鲍叔牙、易牙、竖刁、郑庄公（寤生）、太叔段、祭足、颍考叔、公子纠、宫之奇、公孙无知、晋文公（重耳）、狐突、狐偃、狐毛、介子推、里克、邳郑、宋襄公、秦穆公、楚庄王、石碏、石厚、州吁、郑突、郑忽、老子、孔子、孙武、左丘明、伍子胥、范蠡、西施、勾践、阖闾、夫差、文种、专诸、要离、庆忌、吴王僚、伊尹、烛之武、公子光、魏舒、晏婴、庆父

战国：乐毅、吴起、孙膑、庞涓、廉颇、赵牧、赵奢、赵括、项燕、田单、韩非、荀子、庄子、墨子、惠子、孟子、燕丹、荆轲、高渐离、樊於期、孟尝君、春申君、信陵君、平原君、邹忌、白起、商鞅、李悝、蔺相如、屈原、魏斯、乐羊、西门豹、孔伋、杨朱、聂政、申不害、尸佼、赵武灵王、匡章、淳于髡、张仪、苏秦、田辟疆、田忌、鬼谷子、甘德、石申、李冰、扁鹊、范雎、蔡泽、郭隗、唐蔑、宋玉、触龙、毛遂、鲁仲连、公孙龙

秦：嬴政、吕不韦、李斯、尉缭、王翦、王贲、李信、蒙骜、蒙武、蒙恬、嬴扶苏、嬴胡亥、赵高、章邯、司马欣、董翳、李由、甘罗、嫪毐、阳泉君、嬴子婴、徐福、卢生、陈胜、吴广、项梁、项羽、张良、韩信、萧何、刘邦、陈平、周勃、夏侯婴、曹参、范增、项伯、项庄、樊哙、英布、彭越、熊心（楚怀王）、龙且、郦食其、钟离昧、周殷、灌婴、周章、魏咎、赵歇、田儋、田臧、李归、邓说、伍徐、张贺、庄贾、朱鸡石、余樊君、王离、陈余、张耳、宋义、涉间、苏角、李左车、田荣、殷通

汉：刘邦、萧何、曹参、韩信、张良、英布、周勃、周亚夫、吕雉、吕禄、吕产、陈平、灌婴、灌夫、郅都、宁成、张汤、东方朔、刘彻、刘启、刘安、卫青、卫子夫、霍去病、霍光、刘贺、田蚡、窦婴、苏建、苏武、司马相如、卓文君、司马谈、司马迁、扬雄、李广、李陵、王莽、赵飞燕、赵合德、刘秀、马援、邓禹、吴汉、盖延、赵破奴、张

骞、刘细君、王昭君、梁冀、陈蕃、窦武、何进、卢植、皇甫嵩、朱隽、班超、班固、班昭、董卓、蔡邕、袁绍、袁术、郑玄、张衡、贾谊、晁错、郭解、剧孟

三国：曹操、刘备、孙权、关羽、张飞、诸葛亮、赵云、黄忠、马超、魏延、法正、庞统、周瑜、司马懿、徐庶、曹丕、曹植、曹彰、郭嘉、荀彧、荀攸、贾诩、程昱、满宠、蒋济、韩浩、陈群、张辽、徐晃、许褚、典韦、张郃、于禁、乐进、李典、曹仁、文聘、张燕、曹洪、曹休、曹真、夏侯惇、夏侯渊、夏侯霸、夏侯威、姜维、鲁肃、吕蒙、陆逊、张昭、张纮、虞翻、丁奉、徐盛、陈武、潘璋、甘宁、太史慈、蒋钦、周泰、董袭、骆统、廖化、马谡、王平、蒋琬、刘禅、孙亮、凌统、费祎、诸葛瑾、公孙渊、邓艾、钟会、诸葛恪、司马师、司马昭、孙皓、曹髦

晋：司马炎、司马衷、贾充、贾南风、王祥、羊祜、王浑、王濬、陆机、陆云、周处、刘琨、谢逖、陶侃、孙秀、刘渊、石勒、石虎、王弥、苟晞、潘岳、石崇、左思、王览、王导、嵇康、阮籍、阮咸、刘伶、王戎、杜预、荀勖、何曾、张华、司马攸、司马玮、司马亮、司马伦、司马冏、司马颖、司马颙、司马乂、司马越、段匹磾、张寔、刘曜、刘聪、司马睿、王羲之、王献之、桓温、谢安、谢玄、谢道韫、桓玄、苻坚、姚苌、慕容垂、陶渊明、王敦、司马道子、孙恩、谢琰、王恭、殷仲堪、痍楷、卢循、徐道覆、王猛

南北朝：拓跋珪、拓跋嗣、拓跋焘、元雍、元琛、元晖、法庆、尔朱荣、郦道元、徐羡之、傅亮、谢晦、檀道济、刘义康、刘湛、宇文泰、高欢、高洋、宇文觉、高长恭、萧道成、袁粲、褚渊、刘秉、萧衍、萧统、陈霸先、陈叔宝、谢灵运、杨大眼、元英、邢杲、万俟丑奴、阮孝绪、王筠、萧宝卷、陈庆之、萧子云、萧子显、杨炫之、苏绰、祖冲之、贺拔岳、贺拔允、贺拔胜、侯景、魏收、王僧辩、萧绎、庾信、宇文护、斛律光、顾野王、江总、綦毋怀文、颜之推、施文庆、沈客卿

隋：杨坚、杨广、杨勇、翟让、李密、杨素、独孤皇后、贺若弼、韩擒虎、牛弘、史万岁、宇文恺、杨玄感、宇文述、何妥、何稠、裴矩、陈棱、宇文化及、王世充、宇文智及、宇文成都、阴寿、刘焯、李春、杨俊、杨秀、杨谅、卢思道、操天成、明克让、虞庆、郑译、梁士彦、宇文善、窦荣定、长孙冕、高颖、智永禅师、伍建章、伍云召、伍天锡、鱼俱罗、邱瑞、定彦平、魏文通、新文礼

唐：李渊、李世民、侯君集、李靖、魏征、房玄龄、杜如晦、柴绍、程知节、尉迟恭、秦琼、长孙无忌、李存恭、封德彝、段志玄、刘弘基、徐世绩、李治、武则天、太平公主、韦后、李隆基、杨玉环、王勃、陈子昂、卢照邻、杨炯、王之涣、安禄山、史思明、张巡、雷万春、李白、高力士、杜甫、白居易、王维、孟浩然、杜牧、李商隐、郭子仪、张易之、张昌宗、来俊臣、杨国忠、李林甫、高适、王昌龄、孙思邈、玄奘、鉴真、高骈、狄仁杰、黄巢、王仙芝、文成公主、松赞干布、薛涛、鱼玄机、贺知章、李泌、韩愈、柳宗元、上官婉儿 五代十国：朱温、刘仁恭、丁会、李克用、李存勖、葛从周、王建、刘知远、石敬瑭、郭威、柴荣、孟昶、荆浩、刘䶮、张及之、杜宇、高季兴、喻皓、历真、李茂贞、朱友珪、朱友贞、刘守光、卢文进、李嗣源、冯行袭、康义诚、薛贻矩、朱弘昭、冯赟、李存孝、霍存、张归霸、张延寿、氏叔琮、朱瑾、朱珍、张存敬、牛存节、李罕之、乐从训、王师范、康怀英、王彦章、时溥、秦宗权、史懿、苏逢吉、杨邠、桑维汉、耶律德光、安重荣、边光范、袁继忠、李筠、薛怀让

宋：赵匡胤、赵匡义、石守信、慕容延钊、曹彬、潘美、赵普、杨业、田重进、王禹偁、林逋、杨延昭、杨文广、包拯、狄青、寇准、范仲淹、司马光、欧阳修、苏轼、苏辙、王安石、吕惠卿、曾布、曾巩、苏洵、宋江、方腊、岳飞、秦桧、韩世忠、梁红玉、赵构、朱熹、柳永、黄庭坚、秦观、晏殊、晏几道、陆游、辛弃疾、魏良臣、李清照、唐婉、史弥远、韩侂胄、贾似道、丁大全、文天祥、陆秀夫、高俅、蔡京、杨戬、童贯、张叔夜、韩锜、岳云、张宪、梅尧臣、苏舜钦、吕文焕、吕文德、杨幺、沈括

元：铁木真、术赤、窝阔台、察合台、拖雷、忽必烈、博尔术、博尔忽、木华黎、赤老温、欧阳贞、关汉卿、王实甫、白朴、郑光祖、周德清、夏镇、蒙哥、土土哈、床兀儿、不花帖木儿、燕铁木儿、撒敦、唐其势、泰不花、王保保、伯颜、脱脱、陈也先、倪云林、司居敬、速浑察、相威、黄道婆、图帖睦尔、雪别台、刘杰、杨琼、郑露、明玉珍、刘福通、陈友谅、陈友定、张士诚、徐寿辉、柯九思、彭莹玉、倪文俊、张必先、张定边、妥欢贴睦尔（元顺帝）、赵孟頫、管道升、康里脱脱、鲁明善、汪汝懋、张雨、赛典赤·赡思丁、盛懋、黄公望、察罕铁木儿、亦黑迭儿丁、也里迷失、王开

明：朱元璋、刘基、宋濂、高启、李善长、徐达、常遇春、邓愈、汤和、沐英、冯胜、朱亮祖、傅友德、朱允炆、朱棣、郑和、铁铉、解缙、姚广孝、王景、邹辑、唐赛

儿、唐寅、文征明、祝枝山、周文宾、冯梦龙、吴承恩、汤显祖、戚继光、严嵩、严世蕃、胡宗宪、俞大猷、谭纶、海瑞、李时珍、徐霞客、宋应星、王守仁、高拱、张居正、冯保、徐阶、王振、刘瑾、魏忠贤、崇祯皇帝、正德皇帝、天启皇帝、王承恩、陈圆圆、张献忠、李自成、熊廷弼、孙承宗、袁崇焕、毛文龙、王世贞、顾起元、何可纲、赵率教、祖大寿、丘睿、柳如是、李香君、邓子龙、徐渭、王抒、杨大中、方孝孺、齐泰、黄子澄

清：皇太极、顺治、多尔衮、孝庄、鳌拜、索尼、苏克萨哈、遏必隆、康熙、洪承畴、吴三桂、范仁宽、纳兰明珠、索额图、姚启圣、施琅、尚可喜、耿精忠、雍正、年羹尧、隆科多、李卫、乾隆、纪晓岚、刘墉、和珅、和琳、阿贵、福康安、张廷玉、周培公、熊赐履、李光地、陈廷敬、于成龙、南怀仁、汤若望、林则徐、关天培、嘉庆、道光、洪秀全、杨秀清、萧朝贵、冯云山、韦昌辉、石达开、林凤祥、李开芳、陈玉成、李秀成、田文镜、洪宣娇、咸丰、同治、光绪、宣统、慈禧、慈安、奕䜣、左宗棠、曾国藩、曾国荃、刘永福、李鸿章、荣禄、张之洞、李莲英、邓世昌、丁汝昌、曹雪芹

第五节　句子练习

一、例句

（1）要充分兼顾青年的工作、学习和娱乐、体育、休息两个方面。

（2）当社会成为全部生产资料的主人，可以按照社会计划来利用这些生产资料的时候，社会就消灭了人直到现在还受他们自己的生产资料奴役的状况。

（3）在社会主义革命和建设时期，毛主席反复强调学习、研究和宣传马克思列宁主义，对于推进社会主义革命和社会主义建设的重大意义。

（4）况且盘踞在大部分中国土地上的大蛇和小蛇，黑蛇和白蛇，露出毒牙的蛇和化成美女的蛇，虽然它们已经感觉到冬天的威胁，但是还没有冻僵呢！

（5）出席大会并在主席台前排就座的著名科学家和科协领导成员有茅以升、钱学森、裴力生、张维、林兰英、杨显东、钱三强、金善宝、王顺桐。

（6）著名播音员应是有精湛修养，能精彩播出各种体裁文稿，受人喜爱的语言艺术家。

（7）报纸最大的好处，就是它每日都能干预运动，都能成为运动的喉舌，能够反映出当前的整个局势，能够使人民和人民的日刊发生不断的、生动活泼的联系。

（8）在分配问题上我们必须兼顾国家利益、集体利益和个人利益。

（9）观察、体验、研究、分析一切人，一切阶级，一切群众，一切生动的生活形式和斗争形式，一切文学和艺术的原始材料。

（10）要知道“给”永远比“拿”愉快。

（11）马克思在谈到批判的时候指出：“它的主要感情是愤怒，它的主要工作是揭露。”

（12）要在合作化中间把文盲扫掉，不是把扫盲运动扫掉，不是扫扫盲，而是扫盲资。

（13）共有三千多人组成216个分团，准备分上海—杭州—北京、上海—南京—北京、北京—西安—上海、北京—武汉—上海四路，同广大青年进行友好联欢活动。

（14）湖北、湖南、江西、广东、广西、四川、云南、贵州等省大部分地方下了雨。

（15）见群众不宣传，不鼓动，不演说，不调查，不询问，不关心其痛痒，漠然置之，忘记了自己是一个共产党员，把一个共产党员混同于一个普通的老百姓。

（16）沙奶奶，我给您提个意见啊？

（17）我哪儿敢骗支部书记的老子啊！

（18）别忘了“我们”。

（19）言论自由必须依法实现。

（20）产业革命使工厂制度代替了手工工场制度。

（21）如果说科研工作是摸索、发现真理，那么教学工作的一个重要内容应该是说明、传播真理。

（22）实际上，它们是与生产资本相对立的流通资本，但不是与固定资本相对立的流动资本。

（23）这里叫洋八股废止，有些同志却实际上还在提倡。这里叫空洞抽象的调头少唱，有些同志却硬要多唱。这里叫教条主义休息，有些同志却叫它起床。

（24）只有代表群众才能教育群众，只有做群众的学生才能做群众的先生。

（25）我们不但要研究一般战争的规律，还要研究特殊的革命战争的规律，还要研究更加特殊的中国革命战争的规律。

（26）马克思主义者看问题不但要看到部分，而且要看到全体。一个蛤蟆坐在井里说："天有一个井大。"这是不对的，因为天不止一个井大。如果它说："天的某一部分有一个井大。"这是对的，因为合乎事实。

（27）我们要改变文艺界的作风，首先要改变干部作风；改变干部作风首先要改变领导干部作风；改变领导干部作风首先要从我们几个人改变。

（28）是党专政还是阶级专政？是领袖专政（领袖的党）还是群众专政（群众的党）？——单是这种问题的提法就已经证明思想的混乱到了不可思议的无可救药的地步。

（29）她看错了吗？不，她那双敏锐的、善于探索物质内部奥妙的眼睛不会欺骗她，她没有看错，她不会看错！那是冠兰，是她的冠兰，是她怀恋了几十年的冠兰！

（30）我们付了学费，也吃了一些亏，但是重要的是，我们积累了本领，而且已经开始取得效果。

（31）马列主义、毛泽东思想的原则，我们任何时候都不能违背，这是毫无疑义的，但是，一定要和实际相结合，要分析研究实际情况，解决实际问题。

（32）那个时候，物质生活曾经是艰苦的、困难的吧，但是，比起无限丰富的精神生活来，那算得了什么！凭着崇高的理想，豪迈的气概，乐观的志趣，克服困难不也是一种享受吗？

二、名言锦句

（1）最灵繁的人也看不见自己的背脊。——非洲谚语

（2）最困难的事情就是认识自己。——希腊谚语

（3）有勇气承担命运这才是英雄好汉。——黑塞谚语

(4) 与肝胆人共事，无字句处读书。　——周恩来

(5) 阅读使人充实，会谈使人敏捷，写作使人精确。　——培根

(6) 最大的骄傲于最大的自卑都表示心灵的最软弱无力。　——斯宾诺莎

(7) 自知之明是最难得的知识。　——西班牙谚语

(8) 勇气通往天堂，怯懦通往地狱。　——塞内加

(9) 有时候读书是一种巧妙地避开思考的方法。　——赫尔普斯

(10) 阅读一切好书如同和过去最杰出的人谈话。　——笛卡尔

(11) 越是没有本领的就越加自命不凡。　——邓拓

(12) 越是无能的人，越喜欢挑剔别人的错儿。　——爱尔兰谚语

(13) 知人者智，自知者明。胜人者有力，自胜者强。　——老子

(14) 意志坚强的人能把世界放在手中像泥块一样任意揉捏。　——歌德

(15) 最具挑战性的挑战莫过于提升自我。　——迈克尔·F.斯特利

(16) 业余生活要有意义，不要越轨。　——华盛顿

(17) 一个人即使已登上顶峰，也仍要自强不息。　——罗素·贝克

(18) 长风破浪会有时，直挂云帆济沧海。　——李白

(19) 自己活着，就是为了使别人过得更美好。　——雷锋

(20) 要掌握书，莫被书掌握；要为生而读，莫为读而生。　——布尔沃

(21) 要知道对好事的称颂过于夸大，也会招来人们的反感、轻蔑和嫉妒。

——培根

(22) 业精于勤，荒于嬉；行成于思，毁于随。　——韩愈

(23) 一切节省，归根到底都归结为时间的节省。　——马克思

(24) 意志命运往往背道而驰，决心到最后会全部推倒。　——莎士比亚

(25) 学习是劳动，是充满思想的劳动。　——乌申斯基

(26) 要使整个人生都过得舒适、愉快，这是不可能的，因为人类必须具备一种能应付逆境的态度。　——卢梭

(27) 只有把抱怨环境的心情，化为上进的力量，才是成功的保证。

——罗曼·罗兰

（28）知之者不如好之者，好之者不如乐之者。——孔子

（29）勇猛、大胆和坚定的决心能够抵得上武器的精良。——达·芬奇

（30）意志是一个强壮的盲人，倚靠在明眼的跛子肩上。——叔本华

（31）只有永远躺在泥坑里的人，才不会再掉进坑里。——黑格尔

（32）希望的灯一旦熄灭，生活刹那间变成了一片黑暗。——普列姆昌德

（33）希望是人生的乳母。——科策布

（34）形成天才的决定因素应该是勤奋。——郭沫若

（35）学到很多东西的诀窍，就是一下子不要学很多。——洛克

（36）自己的鞋子，自己知道紧在哪里。——西班牙谚语

（37）我们唯一不会改正的缺点是软弱。——拉罗什福科

（38）我这个人走得很慢，但是我从不后退。——亚伯拉罕·林肯

（39）勿问成功的秘诀为何，且尽全力做你应该做的事吧。——美华纳

（40）学而不思则罔，思而不学则殆。——孔子

（41）学问是异常珍贵的东西，从任何源泉吸收都不可耻。

——阿卜·日·法拉兹

（42）只有在人群中间，才能认识自己。——德国谚语

（43）重复别人所说的话，只需要教育；而要挑战别人所说的话，则需要头脑。

——玛丽·佩蒂博恩·普尔

（44）卓越的人一大优点是：在不利与艰难的遭遇里百折不挠。——贝多芬

（45）自己的饭量自己知道。——苏联谚语

（46）我们若已接受最坏的，就再没有什么损失。——卡耐基

（47）书到用时方恨少，事非经过不知难。——陆游

（48）书籍把我们引入最美好的社会，使我们认识各个时代的伟大智者。

——史美尔斯

（49）熟读唐诗三百首，不会作诗也会吟。——孙洙

（50）谁和我一样用功，谁就会和我一样成功。——莫扎特

（51）天下之事常成于困约，而败于奢靡。——陆游

（52）生命不等于是呼吸，生命是活动。——卢梭

（53）伟大的事业，需要决心、能力、组织和责任感。——易卜生

（54）唯书籍不朽。——乔特

（55）为中华之崛起而读书。——周恩来

（56）书不仅是生活，而且是现在、过去和未来文化生活的源泉。——库法耶夫

（57）生命不可能有两次，但许多人连一次也不善于度过。——吕凯特

（58）问渠那得清如许，为有源头活水来。——朱熹

（59）我的努力求学没有得到别的好处，只不过是愈来愈发觉自己的无知。——笛卡尔

（60）生活的道路一旦选定，就要勇敢地走到底，决不回头。——左拉

（61）会当凌绝顶，一览众山小。——杜甫

（62）少而好学，如日出之阳；壮而好学，如日中之光；老而好学，如秉烛之明。——刘向

（63）三军可夺帅也，匹夫不可夺志也。——孔子

（64）人生就是学校。在那里，与其说好的教师是幸福，不如说好的教师是不幸。——海贝尔

（65）接受挑战，就可以享受胜利的喜悦。——杰纳勒尔·乔治·S.巴顿

（66）节制使快乐增加并使享受加强。——德谟克利特

（67）今天应做的事没有做，明天再早也是耽误了。——裴斯泰洛齐

（68）决定一个人的一生，以及整个命运的，只是一瞬之间。——歌德

（69）懒人无法享受休息之乐。——拉布克

（70）浪费时间是一桩大罪过。——卢梭

（71）既然我已经踏上这条道路，那么，任何东西都不应妨碍我沿着这条路走下去。——康德

（72）在家庭成为快乐的种子，在外也不致成为障碍物，但在旅行之际却是夜间的伴侣。——西塞罗

（73）坚持意志伟大的事业需要始终不渝的精神。——伏尔泰

(74) 路漫漫其修道远，吾将上下而求索。——屈原

(75) 内外相应，言行相称。——韩非

(76) 你热爱生命吗？那么别浪费时间，因为时间是组成生命的材料。

——富兰克林

(77) 坚强的信心，能使平凡的人做出惊人的事业。——马尔顿

(78) 读一切好书，就是和许多高尚的人谈话。——笛卡尔

(79) 读书有三到，谓心到，眼到，口到。——朱熹

(80) 读书之法，在循序而渐进，熟读而精思。——朱熹

(81) 对一个人来说，所期望的不是别的，而仅仅是他能全力以赴和献身于一种美好事业。——爱因斯坦

(82) 敢于浪费哪怕一个钟头时间的人，说明他还不懂得珍惜生命的全部价值。

——达尔文

(83) 盛年不重来，一日难再晨。——陶渊明

(84) 共同的事业，共同的斗争，可以使人们产生忍受一切的力量。

——奥斯特洛夫斯基

(85) 古之立大事者，不惟有超世之才，亦必有坚忍不拔之志。——苏轼

(86) 故立志者，为学之心也；为学者，立志之事也。——王阳明

(87) 读一本好书，就如同和一个高尚的人在交谈。——歌德

(88) 过去一切时代的精华尽在书中。——卡莱尔

(89) 好的书籍是最贵重的珍宝。——别林斯基

(90) 读书是易事，思索是难事，但两者缺一，便全无用处。——富兰克林

(91) 读书是在别人思想的帮助下，建立起自己的思想。——鲁巴金

(92) 合理安排时间，就等于节约时间。——培根

(93) 你想成为幸福的人吗？但愿你首先学会吃得起苦。——屠格涅夫

(94) 抛弃时间的人，时间也抛弃他。——莎士比亚

(95) 普通人只想到如何度过时间，有才能的人设法利用时间。——叔本华

(96) 读书破万卷，下笔如有神。——杜甫

(97) 取得成就时坚持不懈，要比遭到失败时顽强不屈更重要。 ——拉罗什夫科

(98) 人的一生是短的，但如果卑劣地过这一生，就太长了。 ——莎士比亚

(99) 读书忌死读，死读钻牛角。 ——叶圣陶

(100) 不要回避苦恼和困难，挺起身来向它挑战，进而克服它。 ——池田大作

第六节 段落练习

多么平坦，多么宽阔，无边无际的原野，从眼前向四面八方伸展开去，伸展开去，直到那渺茫的尽头，远与天接。望着你，怎能不心旷神怡、豁然开朗！你啊，襟怀坦荡、气度恢宏的草原！

大地辽阔，原野漫漫，云海茫茫，太空蔚蓝，从天上来的滔滔黄河，成了哺育我们伟大民族的摇篮！

赞美你呀！大庆的秋天！你像神奇的彩笔挥洒而成的巨幅画卷，你秋日的景色竟是这样五彩缤纷。草地上，一片鹅黄，一片嫣红，一片靛蓝，一片淡青……你浑似一篇气势雄伟的锦绣文章，读着你不能不引人思索，思索着大庆人，思索着整个中国工人阶级，它的意志，它的力量，它的业绩，它的襟怀和理想……

当天边的朝阳露出笑脸，你走向军港，威武的战舰，蓝色的披肩迎风飞舞，像一只海燕把双翅伸展。啊，再见，亲爱的海燕，祝愿你乘风破浪，勇往直前，祝愿你，万里巡航，一路平安。

青春呵，青春，美好壮丽的时光。比那彩霞还要鲜艳，比那玫瑰更加芬芳。比那宝石还要灿烂，比那珍珠更加辉煌。若问青春为何这样壮丽？它充满深情，也充满智慧，更充满理想。

蓝蓝的天空上飘着那白云，白云的下面盖着雪白的羊群。羊群好像是斑斑的白银，洒在草原上，多么爱煞人！

蓝蓝的天上白云飘，白云下面马儿跑，挥动鞭儿响四方，百鸟儿齐飞翔。

要是有人来问我，这是什么地方，我就骄傲地告诉他这是我的家乡。

✍春风吹遍了山川，春雨洒满了园田，春风春雨带来了美丽的春天。百鸟和鸣清脆婉转，百花盛开桃红李艳。春天来啦，春天为大地送来温暖，万物把春天精心装点。春天还我们艺术青春，我们为春天放歌云端。啊，祖国明媚的春天，滋润着我的心田。春光洒遍了人间，春色布满了河山，春风暖雨带来了艺术的春天。百家争鸣，欣欣向荣，百花齐放，万山红遍。啊！春天来了。什么样的人生观才是革命的人生观呢？在阶级社会里，不同的阶级对人生的看法各不相同，一个人的人生观不能不打上这样那样的阶级烙印。

✍共产主义这个“各尽所能，按需分配”的人类有史以来最美好、最进步、最合理的社会，并不是人们头脑里臆造出来的空中楼阁，而是依据社会发展的客观规律所作出的科学预见。

✍马克思主义认为，经济是基础，物质生活资料是人类生存和发展的必要条件，物质利益原则是社会生活中起决定作用的因素。

✍辩证唯物主义区别于机械唯物主义的一个重要标志，就是承认精神的反作用。思想决定论是错误的，把物质的作用和思想的作用等同起来的二元论也是不对的。但是，在承认物质的决定作用的前提下，我们也要重视精神的作用。

✍亲爱的朋友！任何一个有志气的青年，都希望使自己的青春能够闪闪发光，都希望自己的一生能够活得很有意义，成为一个对社会历史前进有所贡献的人，而不致成为历史的累赘甚至历史的罪人。如果是这样，你就应该坚定地树立起共产主义的革命人生观，按照这种革命的人生观安排自己的人生！

✍保尔说得好：“人最宝贵的是生命，生命对于每个人只有一次。人的一生应当这样度过：当回忆往事的时候，他不会因为虚度年华而悔恨，也不会因为生活庸俗而羞愧；在临死的时候，他能够说：‘我的生命和全部精力，都献给了世界上最壮丽的事业——为解放全人类而斗争。’”让我们用这段光彩夺目的话来激励和鞭策自己，成为一个无愧于我们时代的高尚的人。

✍是谁造成了我们这样无知——常见的文字有时只会念半边，常见的数字有时还计算不准。但是我想，我绝不会对生活和未来失去信心，如同幼年坐滑梯时一样，把腿一伸轻易地滑落下去。而是像历史上那些有志气的人一样，比别人少睡点，比别人少玩

点，拼命地去获得知识，治疗自己先天的“营养不良症”。因为我懂得抱怨不会把我从无知的困境中解脱出来，消沉不会把我从迷惘中引向光明，唯一的办法只能是加快走路的步伐。

要想成功必须战胜自己。陈景润如果不克服生活和各方面的困难，一遍接一遍地把数学家们的数论著作读完读懂，也就不可能登上世界数论科学的高峰；安徒生如果不是在年轻的时候，顶住别人的嘲笑和侮辱，每天晚上在别人入睡后，偷偷地到图书馆里刻苦阅读，那他也不会成为一位成就非凡的大作家。还有法拉第、爱迪生、高尔基、华罗庚……他们的成功，主要的不是靠聪明的天资和优良的学习环境，而是靠锲而不舍地战胜自己。这就是成功的秘诀。

九层之台，起于累土。打基础要循序而进，无论德育、智育、体育、美育、技术教育，都要由浅入深，由低级到高级不断发展。革命先烈李大钊讲得好：“凡事都要脚踏实地去作，不驰于空想，不骛于虚声，而惟以求真的态度作踏实的工夫。以此态度求学，则真理可明，以此态度作事，则功业可就。”

人生的价值在贡献。人才的贡献是闪耀着创造性劳动光辉的珍珠，因而它的比重是超常的。谁想摘取它，谁就要站立在坚实的基础之上。

年轻人如初生牛犊，可贵的一面是无所畏难，虎虎然，有斗志；不足的一面，有时又容易把困难的事情想得过分简单，或缺少理智的控制。我们要力戒志大才疏，力戒虚荣。

一个勇敢的人，在困顿或危急关头总是表现出惊人的魄力，从不退缩、灰心。果断要求人在复杂而艰难的情况下，迅速地、坚决地采取行动。很多事实说明，勇敢而果断进击者常为胜者。

沉着、自制就是能够约束自己的情感，掌握自己的情绪，在复杂情况下保持冷静，不会发生无谓的冲动。苏轼有句很精辟的话：“……匹夫见辱，拔剑而起，挺身而斗，此不足为勇也。天下有大勇者，卒然临之而不惊，无故加之而不怒。”这句话的意思是说，遇事要冷静，思前想后，权衡一下利弊，考虑每个行动带来的后果。

坚持与毅力，这两者是连在一起的。我们常说，无志之人常立志，有志之人立志长。古代人做学问讲究“头悬梁、锥刺股”，这就是毅力。相反，做事情有始无终，朝三暮四，这种人断然成不了大事。

✍中华民族是为人类文明和世界进步做出过重大贡献的民族，只是到了近代才落伍的。周总理在中学毕业前夕，曾与同学师友约定："愿相会于中华腾飞世界时。"这一远大抱负，随着新中国诞生的礼炮轰鸣，已经变成了灿烂的现实。今天，我们国家进入了一个新的历史时期，全国人民的任务，就是要让中华民族来一个第二个腾飞，飞向四个现代化的明天。

✍青春，是理想航船的征帆，又是点燃理想的火焰。往往有的人认为：年轻，正是青春。然而，真正的青春，只属于那些永远力争上游的人。

✍青春，它标志着勤奋。当你为人类最伟大的事业，拿出坚韧不拔的毅力，学习—实践、实践—学习，进而在不断地创新时，那么，你的青春将似开不败的花朵。

✍青春充满着生机，孕育着无限的智慧和力量。我们每个人应当把自己青春的火团，愈烧愈旺，完全地释放出能量，为实现四个现代化无私地奉献光和热。

✍受尽剥削压迫的农民，饥寒交迫、流离失所。一个身插草标的小女孩，跪在她妈妈的面前发出阵阵凄凉的哭声，乞求不要把她卖掉。一个码头工人，怀着阶级的同情，脱下自己的衣裳披在小姑娘的身上。

✍灾难深重的人民，头上压着三座大山，在黑暗的年月里，满怀悲愤和痛苦，期待着黎明早日到临。革命者，面对着敌人带血的刺刀，挺起胸膛，昂首阔步，拖着沉重的镣铐，大义凛然地走向刑场。

✍不要用哭声告别，不要把眼泪轻抛！青山到处埋忠骨，天涯何愁无芳草。坚强的革命战士迎着曙光，怀着革命必胜的信念，向祖国的山河唱出乐观豪迈的誓言。

✍世世代代受压迫、受剥削的农民，挺起腰杆站起来了。人们拉出地主、土豪，面对世代的仇人，千年的怨，万年的恨，今天要偿还。

✍云水激，卷怒潮，风雷震，报春到，一人倒下万人起，燎原烈火照天烧，狂飙一曲，牛鬼蛇神全压倒，红旗漫天，五洲人民齐欢笑。

✍月亮还没有出来，夏夜的星空好灿烂呵！我和几个同学在海上泛舟。掌舵的是黄珊。她是从海外归来的侨生，很熟悉水性。本来嘛，荡舟随意玩玩，并没有什么特定的目标。然而，我们的舵手让船笔直地向正北方向驶去，她正望着正北的星斗出神呢，直到眼

前突然出现一块礁石，才猛然拐了个弯。我问她干什么发呆，她笑着说：“望北极星。”“北极星？一颗并不惹眼的星星，有什么好看的？”“不，你不知道在海外，我们是多么想念北极星呵！”

一九五三年的今天，天气阴沉，舰螺港指挥部忽然收到一支海上巡逻艇发来的急电：“我艇在鳌鱼海面发现敌情，敌机……”电讯联络到此中断了。不知是因为天气干扰的，还是因为发报机发生了故障呢？一个钟头以后，海军大尉，噢，当时他还是一个炮艇中队的队长，他接受指挥部的命令，立刻带领四只炮艇，载着几十颗焦急不安的心，迎着风浪，迎着闪电，迎着雷声赶到鳌鱼出事的地点。

每一个患者在病魔的折磨中，都会感到护士的亲切和温暖。她为你的痛苦而焦虑，为你的痊愈而欢欣。接你进来的时候，和你一样愁眉不展，送你出去的时候，和你一样笑容满面。她，为了生命的安全，为了别人的欢乐，走遍了各个房间，踏破了一道道门槛，日夜不眠，汗水成串；她，不为名不图利，用自己的生命和火力，协助大夫使无数个垂危的生命，起死复生，转危为安；她，默默无闻地为人类贡献出自己的青春、智慧和心血。对于护士的这种高尚品德和风格，我们各行各业的人们无不肃然起敬。

我看樱花，往少里说，也有几十次了。在东京的青山墓地看，上野公园看，千鸟渊看……；在京都看，奈良看……；雨里看，雾中看，月下看……日本到处都有樱花，有的是几百棵花树拥在一起，有的是一两棵花树在路旁水边悄然独立。春天在日本就是沉浸在弥漫的樱花气息里！

雪花，千姿百态。呈六角形的小冰晶，光莹玉洁，玲珑秀巧，变幻无穷，诗人称颂之为“玉花，天花，六出奇花”。它徐徐旋舞，如芦花，似蝶翅，像棉絮。然而，一到春天乍起，大地复苏、百花结蕾的时候，它却融作春水，汇入春泥，用自己的全部心血，滋养百卉峥嵘的春天。

“忽如一夜春风来，千树万树梨花开”，雪花何等丽；“战罢玉龙三百万，败鳞残甲满天飞”，飞雪何等有气势。雪花，冰心玉骨，晶莹纯洁，银铠银甲，尖尖角角，颇像战斗的剑锋。雪，是勇猛的斗士呵！

第七节　古诗练习

黄鹤楼送孟浩然之广陵

〔唐〕李白

故人西辞黄鹤楼，
烟花三月下扬州。
孤帆远影碧空尽，
唯见长江天际流。

望庐山瀑布

〔唐〕李白

日照香炉生紫烟，
遥看瀑布挂前川。
飞流直下三千尺，
疑是银河落九天。

登鹳雀楼

〔唐〕王之涣

白日依山尽，
黄河入海流。
欲穷千里目，
更上一层楼。

早发白帝城

〔唐〕李白

朝辞白帝彩云间，
千里江陵一日还。
两岸猿声啼不住，
轻舟已过万重山。

夜雨寄北

〔唐〕李商隐

君问归期未有期，
巴山夜雨涨秋池。
何当共剪西窗烛，
却话巴山夜雨时。

游子吟

〔唐〕孟郊

慈母手中线，
游子身上衣。
临行密密缝，
意恐迟迟归。
谁言寸草心，
报得三春晖。

钱塘湖春行

〔唐〕白居易

孤山寺北贾亭西，
水面初平云脚低。
几处早莺争暖树，
谁家新燕啄春泥。
乱花渐欲迷人眼，
浅草才能没马蹄。
最爱湖东行不足，
绿杨阴里白沙堤。

乌衣巷

〔唐〕刘禹锡

朱雀桥边野草花，
乌衣巷口夕阳斜。
旧时王谢堂前燕，
飞入寻常百姓家。

静夜思

〔唐〕李白

床前明月光，
疑是地上霜。
举头望明月，
低头思故乡。

秋浦歌

〔唐〕李白

白发三千丈，
缘愁似个长。
不知明镜里，
何处得秋霜。

夜宿山寺

〔唐〕李白

危楼高百尺，
手可摘星辰。
不敢高声语，
恐惊天上人。

赠汪伦

〔唐〕李白

李白乘舟将欲行，
忽闻岸上踏歌声。
桃花潭水深千尺，
不及汪伦送我情。

春夜喜雨

〔唐〕杜甫

好雨知时节，
当春乃发生。
随风潜入夜，

润物细无声。
野径云俱黑，
江船火独明。
晓看红湿处，
花重锦官城。

清明

〔唐〕杜牧

清明时节雨纷纷，
路上行人欲断魂。
借问酒家何处有？
牧童遥指杏花村。

送杜少府之任蜀州

〔唐〕王勃

城阙辅三秦，
风烟望五津。
与君离别意，
同是宦游人。
海内存知己，
天涯若比邻。
无为在歧路，
儿女共沾巾。

山行

〔唐〕杜牧

远上寒山石径斜，
白云生处有人家。

停车坐爱枫林晚，
霜叶红于二月花。

江南春

〔唐〕杜牧

千里莺啼绿映红，
水村山郭酒旗风。
南朝四百八十寺，
多少楼台烟雨中。

回乡偶书

〔唐〕贺知章

少小离家老大回，
乡音无改鬓毛衰。
儿童相见不相识，
笑问客从何处来。

赋得古原草送别

〔唐〕白居易

离离原上草，
一岁一枯荣。
野火烧不尽，
春风吹又生。
远芳侵古道，
晴翠接荒城。
又送王孙去，
萋萋满别情。

咏柳

〔唐〕贺知章

碧玉妆成一树高，
万条垂下绿丝绦。
不知细叶谁裁出，
二月春风似剪刀。

九月九日忆山东兄弟

〔唐〕王维

独在异乡为异客，
每逢佳节倍思亲。
遥知兄弟登高处，
遍插茱萸少一人。

悯农（其一）

〔唐〕李绅

春种一粒粟，
秋收万颗子。
四海无闲田，
农夫犹饿死。

江雪

〔唐〕柳宗元

千山鸟飞绝，
万径人踪灭。
孤舟蓑笠翁，
独钓寒江雪。

枫桥夜泊

〔唐〕张继

月落乌啼霜满天，
江枫渔火对愁眠。
姑苏城外寒山寺，
夜半钟声到客船。

暮江吟

〔唐〕白居易

一道残阳铺水中，
半江瑟瑟半江红。
可怜九月初三夜，
露似真珠月似弓。

题西林壁

〔宋〕苏轼

横看成岭侧成峰，
远近高低各不同。
不识庐山真面目，
只缘身在此山中。

元日

〔宋〕王安石

爆竹声中一岁除，
春风送暖入屠苏。
千门万户曈曈日，
总把新桃换旧符。

泊船瓜洲

〔宋〕王安石

京口瓜洲一水间，
钟山只隔数重山。
春风又绿江南岸，
明月何时照我还。

春晓

〔唐〕孟浩然

春眠不觉晓，
处处闻啼鸟。
夜来风雨声，
花落知多少。

鹿柴

〔唐〕王维

空山不见人，
但闻人语响。
返景入深林，
复照青苔上。

绝句

〔唐〕杜甫

两个黄鹂鸣翠柳，
一行白鹭上青天。
窗含西岭千秋雪，
门泊东吴万里船。

宿建德江

〔唐〕孟浩然

移舟泊烟渚，
日暮客愁新。
野旷天低树，
江清月近人。

杂诗

〔唐〕王维

君自故乡来，
应知故乡事。
来日绮窗前，
寒梅著花未？

小池

〔宋〕杨万里

泉眼无声惜细流，
树阴照水爱晴柔。
小荷才露尖尖角，
早有蜻蜓立上头。

春日

〔宋〕朱熹

胜日寻芳泗水滨，
无边光景一时新。
等闲识得东风面，
万紫千红总是春。

村居

〔清〕高鼎

草长莺飞二月天，
拂堤杨柳醉春烟。
儿童散学归来早，
忙趁东风放纸鸢。

蚕妇

〔宋〕张俞

昨日入城市，
归来泪满巾。
遍身罗绮者，
不是养蚕人。

江南

汉乐府

江南可采莲，
莲叶何田田。
鱼戏莲叶间。
鱼戏莲叶东，
鱼戏莲叶西，
鱼戏莲叶南，
鱼戏莲叶北。

所见

〔清〕袁枚

牧童骑黄牛，
歌声振林樾。
意欲捕鸣蝉，
忽然闭口立。

江上渔者

〔宋〕范仲淹

江上往来人，
但爱鲈鱼美。
君看一叶舟，
出没风波里。

第八节　古词练习

虞美人·听雨

〔宋〕蒋捷

少年听雨歌楼上，红烛昏罗帐。壮年听雨客舟中，江阔云低、断雁叫西风。而今听雨僧庐下，鬓已星星也。悲欢离合总无情，一任阶前、点滴到天明。

青玉案·元夕

〔宋〕辛弃疾

东风夜放花千树，更吹落、星如雨。宝马雕车香满路。凤箫声动，玉壶光转，一夜鱼龙舞。蛾儿雪柳黄金缕，笑语盈盈暗香去。众里寻他千百度。蓦然回首，那人却在，灯火阑珊处。

蝶恋花·春景

〔宋〕苏轼

花褪残红青杏小，燕子飞时，绿水人家绕。枝上柳绵吹又少。天涯何处无芳草。墙里秋千墙外道，墙外行人，墙里佳人笑。笑渐不闻声渐悄。多情却被无情恼。

鹊桥仙·纤云弄巧

〔宋〕秦观

纤云弄巧，飞星传恨，银汉迢迢暗度。金风玉露一相逢，便胜却人间无数。柔情似水，佳期如梦，忍顾鹊桥归路。两情若是久长时，又岂在朝朝暮暮。

卜算子·咏梅

〔宋〕陆游

驿外断桥边，寂寞开无主。已是黄昏独自愁，更著风和雨。无意苦争春，一任群芳妒。零落成泥碾作尘，只有香如故。

浣溪沙·一曲新词酒一杯

〔宋〕晏殊

一曲新词酒一杯，去年天气旧亭台。夕阳西下几时回？无可奈何花落去，似曾相识燕归来。小园香径独徘徊。

水调歌头·明月几时有

〔宋〕苏轼

明月几时有？把酒问青天。不知天上宫阙，今夕是何年。我欲乘风归去，又恐琼楼玉宇，高处不胜寒。起舞弄清影，何似在人间？转朱阁，低绮户，照无眠。不应有恨，何事长向别时圆？人有悲欢离合，月有阴晴圆缺，此事古难全。但愿人长久，千里共婵娟。

如梦令·常记溪亭日暮

〔宋〕李清照

常记溪亭日暮，沉醉不知归路。兴尽晚回舟，误入藕花深处。争渡，争渡，惊起一滩鸥鹭。

江城子·密州出猎

〔宋〕苏轼

老夫聊发少年狂，左牵黄，右擎苍。锦帽貂裘，千骑卷平冈。为报倾城随太守，亲射虎，看孙郎。酒酣胸胆尚开张，鬓微霜，又何妨！持节云中，何日遣冯唐？会挽雕弓如满月，西北望，射天狼。

虞美人·春花秋月何时了

〔五代〕李煜

春花秋月何时了？往事知多少。小楼昨夜又东风，故国不堪回首月明中。雕栏玉砌应犹在，只是朱颜改。问君能有几多愁？恰似一江春水向东流。

破阵子·为陈同甫赋壮词以寄之

〔宋〕辛弃疾

醉里挑灯看剑，梦回吹角连营。八百里分麾下炙，五十弦翻塞外声，沙场秋点兵。马作的卢飞快，弓如霹雳弦惊。了却君王天下事，赢得生前身后名。可怜白发生！

丑奴儿·书博山道中壁

〔宋〕辛弃疾

少年不识愁滋味，爱上层楼。爱上层楼，为赋新词强说愁。而今识尽愁滋味，欲说还休。欲说还休，却道“天凉好个秋”。

西江月·夜行黄沙道中

〔宋〕辛弃疾

明月别枝惊鹊，清风半夜鸣蝉。稻花香里说丰年，听取蛙声一片。七八个星天外，两三点雨山前。旧时茅店社林边，路转溪桥忽见。

渔家傲·秋思

〔宋〕范仲淹

塞下秋来风景异，衡阳雁去无留意。四面边声连角起，千嶂里，长烟落日孤城闭。浊酒一杯家万里，燕然未勒归无计。羌管悠悠霜满地，人不寐，将军白发征夫泪。

卜算子·我住长江头

〔宋〕李之仪

我住长江头，君住长江尾。日日思君不见君，共饮长江水。此水几时休，此恨何时已。只愿君心似我心，定不负相思意。

声声慢·寻寻觅觅

〔宋〕李清照

寻寻觅觅，冷冷清清，凄凄惨惨戚戚。乍暖还寒时候，最难将息。三杯两盏淡酒，怎敌他、晚来风急！雁过也，正伤心，却是旧时相识。满地黄花堆积，憔悴损，如今有谁堪摘？守着窗儿，独自怎生得黑！梧桐更兼细雨，到黄昏、点点滴滴。这次第，怎一个愁字了得！

念奴娇·赤壁怀古

〔宋〕苏轼

大江东去，浪淘尽，千古风流人物。故垒西边，人道是，三国周郎赤壁。乱石穿空，惊涛拍岸，卷起千堆雪。江山如画，一时多少豪杰。遥想公瑾当年，小乔初嫁了，雄姿英发。羽扇纶巾，谈笑间，樯橹灰飞烟灭。故国神游，多情应笑我，早生华发。人生如梦，一尊还酹江月。

木兰花·拟古决绝词柬友

〔清〕纳兰性德

人生若只如初见，何事秋风悲画扇。等闲变却故人心，却道故人心易变。骊山语罢清宵半，泪雨霖铃终不怨。何如薄幸锦衣郎，比翼连枝当日愿。

长相思·汴水流

〔唐〕白居易

汴水流，泗水流，流到瓜州古渡头。吴山点点愁。思悠悠，恨悠悠，恨到归时方始休。月明人倚楼。

苏幕遮·怀旧

〔宋〕范仲淹

碧云天，黄叶地，秋色连波，波上寒烟翠。山映斜阳天接水，芳草无情，更在斜阳外。黯乡魂，追旅思，夜夜除非，好梦留人睡。明月楼高休独倚，酒入愁肠，化作相思泪。

卜算子·黄州定慧院寓居作

〔宋〕苏轼

缺月挂疏桐，漏断人初静。谁见幽人独往来，缥缈孤鸿影。惊起却回头，有恨无人省。拣尽寒枝不肯栖，寂寞沙洲冷。

浣溪沙·一向年光有限身

〔宋〕晏殊

一向年光有限身，等闲别离易销魂，酒筵歌席莫辞频。满目山河空念远，落花风雨更伤春，不如怜取眼前人。

渔家傲·小雨纤纤风细细

〔宋〕朱服

小雨纤纤风细细，万家杨柳青烟里。恋树湿花飞不起，愁无比，和春付与东流水。九十光阴能有几？金龟解尽留无计。寄语东阳沽酒市，拚一醉，而今乐事他年泪。

踏莎行·雪似梅花

〔宋〕吕本中

雪似梅花，梅花似雪。似和不似都奇绝。恼人风味阿谁知？请君问取南楼月。记得去年，探梅时节。老来旧事无人说。为谁醉倒为谁醒？到今犹恨轻离别。

清平乐·别来春半

〔五代〕李煜

别来春半，触目柔肠断。砌下落梅如雪乱，拂了一身还满。雁来音信无凭，路遥归梦难成。离恨恰如青草，更行更远还生。

点绛唇·感兴

〔宋〕王禹偁

雨恨云愁，江南依旧称佳丽。水村渔市，一缕孤烟细。天际征鸿，遥认行如缀。平生事，此时凝睇，谁会凭栏意。

江城子·西城杨柳弄春柔

〔宋〕秦观

西城杨柳弄春柔，动离忧，泪难收。犹记多情、曾为系归舟。碧野朱桥当日事，人不见，水空流。韶华不为少年留，恨悠悠，几时休？飞絮落花时候、一登楼。便作春江都是泪，流不尽，许多愁。

鹧鸪天·送人

〔宋〕辛弃疾

唱彻《阳关》泪未干，功名馀事且加餐。浮天水送无穷树，带雨云埋一半山。今古恨，几千般，只应离合是悲欢？江头未是风波恶，别有人间行路难！

鹊桥仙·月胧星淡

〔宋〕谢薖

月胧星淡，南飞乌鹊，暗数秋期天上。锦楼不到野人家，但门外、清流叠嶂。一杯相属，佳人何在，不见绕梁清唱。人间平地亦崎岖，叹银汉、何曾风浪。

卜算子·送鲍浩然之浙东

〔宋〕王观

水是眼波横，山是眉峰聚。欲问行人去那边？眉眼盈盈处。才始送春归，又送君归去。若到江南赶上春，千万和春住。

菩萨蛮·小山重叠金明灭

〔唐〕温庭筠

小山重叠金明灭，鬓云欲度香腮雪。懒起画蛾眉，弄妆梳洗迟。照花前后镜，花面交相映。新帖绣罗襦，双双金鹧鸪。

相见欢·金陵城上西楼

〔宋〕朱敦儒

金陵城上西楼，倚清秋。万里夕阳垂地大江流。中原乱，簪缨散，几时收？试倩悲风吹泪过扬州。

第九节　文言文练习

爱莲说

周敦颐

水陆草木之花，可爱者甚蕃。晋陶渊明独爱菊。自李唐来，世人盛爱牡丹。予独爱莲之出淤泥而不染，濯清涟而不妖，中通外直，不蔓不枝，香远益清，亭亭净植，可远观而不可亵玩焉。予谓菊，花之隐逸者也；牡丹，花之富贵者也；莲，花之君子者也。噫！菊之爱，陶后鲜有闻；莲之爱，同予者何人？牡丹之爱，宜乎众矣。

陋室铭

刘禹锡

山不在高，有仙则名。水不在深，有龙则灵。斯是陋室，惟吾德馨。苔痕上阶绿，草色入帘青。谈笑有鸿儒，往来无白丁。可以调素琴，阅金经。无丝竹之乱耳，无案牍之劳形。南阳诸葛庐，西蜀子云亭。孔子云：何陋之有？

马说

韩愈

世有伯乐，然后有千里马。千里马常有，而伯乐不常有。故虽有名马，祗辱于奴隶人之手，骈死于槽枥之间，不以千里称也。马之千里者，一食或尽粟一石。食马者不知其能千里而食也。是马也，虽有千里之能，食不饱，力不足，才美不外见，且欲与常马等不可得，安求其能千里也？策之不以其道，食之不能尽其材，鸣之而不能通其意，执策而临之，曰："天下无马！"呜呼！其真无马邪？其真不知马也！

岳阳楼记

范仲淹

庆历四年春，滕子京谪守巴陵郡。越明年，政通人和，百废具兴，乃重修岳阳楼，增其旧制，刻唐贤今人诗赋于其上，属予作文以记之。

予观夫巴陵胜状，在洞庭一湖。衔远山，吞长江，浩浩汤汤，横无际涯，朝晖夕阴，气象万千，此则岳阳楼之大观也，前人之述备矣。然则北通巫峡，南极潇湘，迁客骚人，多会于此，览物之情，得无异乎？

若夫淫雨霏霏，连月不开，阴风怒号，浊浪排空，日星隐曜，山岳潜形，商旅不行，樯倾楫摧，薄暮冥冥，虎啸猿啼。登斯楼也，则有去国怀乡，忧谗畏讥，满目萧然，感极而悲者矣。

至若春和景明，波澜不惊，上下天光，一碧万顷，沙鸥翔集，锦鳞游泳，岸芷汀兰，郁郁青青。而或长烟一空，皓月千里，浮光跃金，静影沉璧，渔歌互答，此乐何极！登斯楼也，则有心旷神怡，宠辱偕忘，把酒临风，其喜洋洋者矣。

嗟夫！予尝求古仁人之心，或异二者之为，何哉？不以物喜，不以己悲，居庙堂之高则忧其民，处江湖之远则忧其君。是进亦忧，退亦忧。然则何时而乐耶？其必曰“先天下之忧而忧，后天下之乐而乐”乎！噫！微斯人，吾谁与归？时六年九月十五日。

陈情表

李密

臣密言：臣以险衅，夙遭闵凶。生孩六月，慈父见背；行年四岁，舅夺母志。祖母刘愍臣孤弱，躬亲抚养。臣少多疾病，九岁不行，零丁孤苦，至于成立。既无伯叔，终鲜兄弟，门衰祚薄，晚有儿息。外无期功强近之亲，内无应门五尺之僮，茕茕孑立，形影相吊。而刘夙婴疾病，常在床蓐，臣侍汤药，未曾废离。

逮奉圣朝，沐浴清化。前太守臣逵察臣孝廉；后刺史臣荣举臣秀才。臣以供养无主，辞不赴命。诏书特下，拜臣郎中，寻蒙国恩，除臣洗马。猥以微贱，当侍东宫，非臣陨首所能上报。臣具以表闻，辞不就职。诏书切峻，责臣逋慢；郡县逼迫，催臣上道；州司临门，急于星火。臣欲奉诏奔驰，则刘病日笃，欲苟顺私情，则告诉不许：臣之进退，实为狼狈。

伏惟圣朝以孝治天下，凡在故老，犹蒙矜育，况臣孤苦，特为尤甚。且臣少仕伪朝，历职郎署，本图宦达，不矜名节。今臣亡国贱俘，至微至陋，过蒙拔擢，宠命优渥，岂敢盘桓，有所希冀。但以刘日薄西山，气息奄奄，人命危浅，朝不虑夕。臣无祖母，无以至今日，祖母无臣，无以终余年。母、孙二人，更相为命，是以区区不能废远。

臣密今年四十有四，祖母今年九十有六，是臣尽节于陛下之日长，报养刘之日短也。乌鸟私情，愿乞终养。臣之辛苦，非独蜀之人士及二州牧伯所见明知，皇天后土实所共鉴。愿陛下矜悯愚诚，听臣微志，庶刘侥幸，保卒余年。臣生当陨首，死当结草。臣不胜犬马怖惧之情，谨拜表以闻。

师说

韩愈

古之学者必有师。师者，所以传道受业解惑也。人非生而知之者，孰能无惑？惑而不从师，其为惑也，终不解矣。生乎吾前，其闻道也固先乎吾，吾从而师之；生乎吾后，其闻道也亦先乎吾，吾从而师之。吾师道也，夫庸知其年之先后生于吾乎？是故无贵无贱，无长无少，道之所存，师之所存也。

嗟乎！师道之不传也久矣！欲人之无惑也难矣！古之圣人，其出人也远矣，犹且从师而问焉；今之众人，其下圣人也亦远矣，而耻学于师。是故圣益圣，愚益愚。圣人之所以为圣，愚人之所以为愚，其皆出于此乎？爱其子，择师而教之；于其身也，则耻师焉，惑矣。彼童子之师，授之书而习其句读者，非吾所谓传其道解其惑者也。句读之不知，惑之不解，或师焉，或不焉，小学而大遗，吾未见其明也。巫医乐师百工之人，不耻相师。士大夫之族，曰师曰弟子云者，则群聚而笑之。问之，则曰："彼与彼年相若也，道相似也，位卑则足羞，官盛则近谀。"呜呼！师道之不复，可知矣。巫医乐师百工之人，君子不齿，今其智乃反不能及，其可怪也欤！

圣人无常师。孔子师郯子、苌弘、师襄、老聃。郯子之徒，其贤不及孔子。孔子曰：三人行，则必有我师。是故弟子不必不如师，师不必贤于弟子，闻道有先后，术业有专攻，如是而已。

李氏子蟠，年十七，好古文，六艺经传皆通习之，不拘于时，学于余。余嘉其能行古道，作《师说》以贻之。

出师表

诸葛亮

先帝创业未半而中道崩殂，今天下三分，益州疲弊，此诚危急存亡之秋也。然侍卫之臣不懈于内，忠志之士忘身于外者，盖追先帝之殊遇，欲报之于陛下也。诚宜开张圣听，以光先帝遗德，恢弘志士之气，不宜妄自菲薄，引喻失义，以塞忠谏之路也。

宫中府中，俱为一体，陟罚臧否，不宜异同。若有作奸犯科及为忠善者，宜付有司论其刑赏，以昭陛下平明之理，不宜偏私，使内外异法也。

侍中、侍郎郭攸之、费祎、董允等，此皆良实，志虑忠纯，是以先帝简拔以遗陛下。愚以为宫中之事，事无大小，悉以咨之，然后施行，必能裨补阙漏，有所广益。

将军向宠，性行淑均，晓畅军事，试用于昔日，先帝称之曰能，是以众议举宠为督。愚以为营中之事，悉以咨之，必能使行阵和睦，优劣得所。

亲贤臣，远小人，此先汉所以兴隆也；亲小人，远贤臣，此后汉所以倾颓也。先帝在时，每与臣论此事，未尝不叹息痛恨于桓、灵也。侍中、尚书、长史、参军，此悉贞良死节之臣，愿陛下亲之信之，则汉室之隆，可计日而待也。

臣本布衣，躬耕于南阳，苟全性命于乱世，不求闻达于诸侯。先帝不以臣卑鄙，猥自枉屈，三顾臣于草庐之中，咨臣以当世之事，由是感激，遂许先帝以驱驰。后值倾覆，受任于败军之际，奉命于危难之间，尔来二十有一年矣。

先帝知臣谨慎，故临崩寄臣以大事也。受命以来，夙夜忧叹，恐托付不效，以伤先帝之明，故五月渡泸，深入不毛。今南方已定，兵甲已足，当奖率三军，北定中原，庶竭驽钝，攘除奸凶，兴复汉室，还于旧都。此臣所以报先帝而忠陛下之职分也。至于斟酌损益，进尽忠言，则攸之、祎、允之任也。

愿陛下托臣以讨贼兴复之效；不效，则治臣之罪，以告先帝之灵。若无兴德之言，则责攸之、祎、允等之慢，以彰其咎。陛下亦宜自谋，以咨诹善道，察纳雅言，深追先帝遗诏。臣不胜受恩感激。今当远离，临表涕零，不知所言。

第十节　现代诗歌练习

面朝大海，春暖花开

海子

从明天起，做一个幸福的人
喂马、劈柴，周游世界
从明天起，关心粮食和蔬菜
我有一所房子，面朝大海，春暖花开
从明天起，和每一个亲人通信
告诉他们我的幸福
那幸福的闪电告诉我的
我将告诉每一个人
给每一条河每一座山取一个温暖的名字
陌生人，我也为你祝福
愿你有一个灿烂的前程
愿你有情人终成眷属
愿你在尘世获得幸福
我只愿面朝大海，春暖花开

热爱生命

汪国真

我不去想，是否能够成功，
既然选择了远方，

便只顾风雨兼程。
我不去想，能否赢得爱情，
既然钟情于玫瑰，
就勇敢地吐露真诚。
我不去想，身后会不会袭来寒风冷雨，
既然目标是地平线，
留给世界的只能是背影。
我不去想，未来是平坦还是泥泞，
只要热爱生命，
一切，都在意料之中。

青春颂歌

若丹

人虚度青春年华
然青春极易褪色
挥霍青春的人
幸福终将被抛弃
青春着实有限
时光转移
青春已留不住
流年似水
弹指间万物轮回
纵使无复返
让有限的青春时光
充满诗意浪漫画面
青春是奇异刺激的
充满着力量

充满着求知和斗争的志向
一些事情渐渐变得淡灭
你知道它存在过
但却已经忘记怎样的存在过

雨巷

戴望舒

撑着油纸伞，独自
彷徨在悠长、悠长
又寂寥的雨巷
我希望逢着
一个丁香一样地
结着愁怨的姑娘
她是有
丁香一样的颜色
丁香一样的芬芳
丁香一样的忧愁
在雨中哀怨
哀怨又彷徨
她彷徨在这寂寥的雨巷
撑着油纸伞
像我一样
像我一样地
默默彳亍着
冷漠、凄清，又惆怅
她默默地走近
走近，又投出

太息一般的眼光
她飘过
像梦一般地
像梦一般地凄婉迷茫
像梦中飘过
一枝丁香地
我身旁飘过这个女郎
她默默地远了、远了
到了颓圮的篱墙
走尽这雨巷
在雨的哀曲里
消了她的颜色
散了她的芬芳
消散了，甚至她的
太息般的眼光
丁香般的惆怅
撑着油纸伞，独自
彷徨在悠长、悠长
又寂寥的雨巷
我希望飘过
一个丁香一样地
结着愁怨的姑娘

抉择

席慕蓉

假如我来世上一遭
只为与你相聚一次

只为了亿万光年里的那一刹那
一刹那里所有的甜蜜与悲凄
那么就让一切该发生的
都在瞬间出现吧
我俯首感谢所有星球的相助
让我与你相遇
与你别离
完成了上帝所作的一首诗
然后再缓缓地老去

相信未来

食指

当蜘蛛网无情地查封了我的炉台，
当灰烬的余烟叹息着贫困的悲哀，
我依然固执地铺平失望的灰烬，
用美丽的雪花写下：相信未来。
当我的紫葡萄化为深秋的露水，
当我的鲜花依偎在别人的情怀，
我依然固执地用凝霜的枯藤，
在凄凉的大地上写下：相信未来。
我要用手指那涌向天边的排浪，
我要用手掌那托住太阳的大海，
摇曳着曙光那支温暖漂亮的笔杆，
用孩子的笔体写下：相信未来。
我之所以坚定地相信未来，
是我相信未来人们的眼睛——
她有拨开历史风尘的睫毛，
她有看透岁月篇章的瞳孔。

不管人们对于我们腐烂的皮肉，
那些迷途的惆怅，失败的苦痛，
是寄予感动的热泪，深切的同情，
还是给以轻蔑的微笑，辛辣的嘲讽。
我坚信人们对于我们的脊骨，
那无数次的探索、迷途、失败和成功，
一定会给予热情、客观、公正的评定，
是的，我焦急地等待着他们的评定。
朋友，坚定地相信未来吧，
相信不屈不挠的努力，
相信战胜死亡的年轻，
相信未来，热爱生命。

大江东去

沙白

大江东去
雪浪万里
惊涛万里
鼓角万里
风雷万里
不到大海不回头
白昼黑夜无休止
摇醒一片片土地
跨越一丛丛峡谷
汇流一条条水系
流啊、奔啊、闯啊！
大山一劈两半
平原一分两片

摇撼大地
拍击长天
从通天河涓涓细流
到出海口烟波渺茫
呀——
这就是长江
八百里洞庭容不下脚掌
三万顷太湖拉不住衣襟
看，涌来多少子弟
卷起漫天烟云
大江东去
一切向往大海的
一切向往太阳的
千溪万河都赶来汇合
来啦，来啦！
从雪山呼啸而来
从丛林迂回而来
从丘陵夺路而来
从地底喷涌而来
来啦，来啦！
挣脱锁链
揩净泪水
亮着红樱
闪着红旗
肩披硝烟
头顶风雨
浪追着浪
浪挤着浪

浪拽着浪
浪推着浪
向东啊，向东！
大海在前
旭日在前
留在后面了
皑皑的雪山
高原的花香
萧森的峡谷
湍流的险滩
融进江流了
神女的泪
楚王的梦
船夫的哀歌
诗人的吟诵
沉入江底了
武夫的折戟
词客的悠怨
奴隶的锁链
海盗的破船
每一滴水都是山洪的子女
每一朵浪都像夸父逐日一样
纵百遭阻拦
千遭曲折
还是向东
向东啊，向东！
大江东去
嗯？为什么？

为什么在下游出现了沙洲？
一点，两点
像是苍蝇玷污了绿绸
不必惊讶
是泥沙总要停滞、淤积
吓！沙洲
不要炫耀你的孤鹜落雁
那不过是空虚的梦幻
不要炫耀你那飘摇的白荻
那不过是一片片白色的降幡
你挡不住洪流
挽不住狂澜
是山洪的儿女
就要冲击而过
是瀑布的子孙
就要飞掠而过
是水滴、是浪花
仍要喷吐泡沫
拨开云雾
直奔海路
向着同一方向
迈着同一步伐
一路战鼓
浩浩荡荡
无限广阔的海洋将属于她！
无限光亮的旭日将属于她！
无限瑰丽的虹彩霓霞
都将属于她！

附录 A 普通话语音结构示意图

一、从语音学角度分析

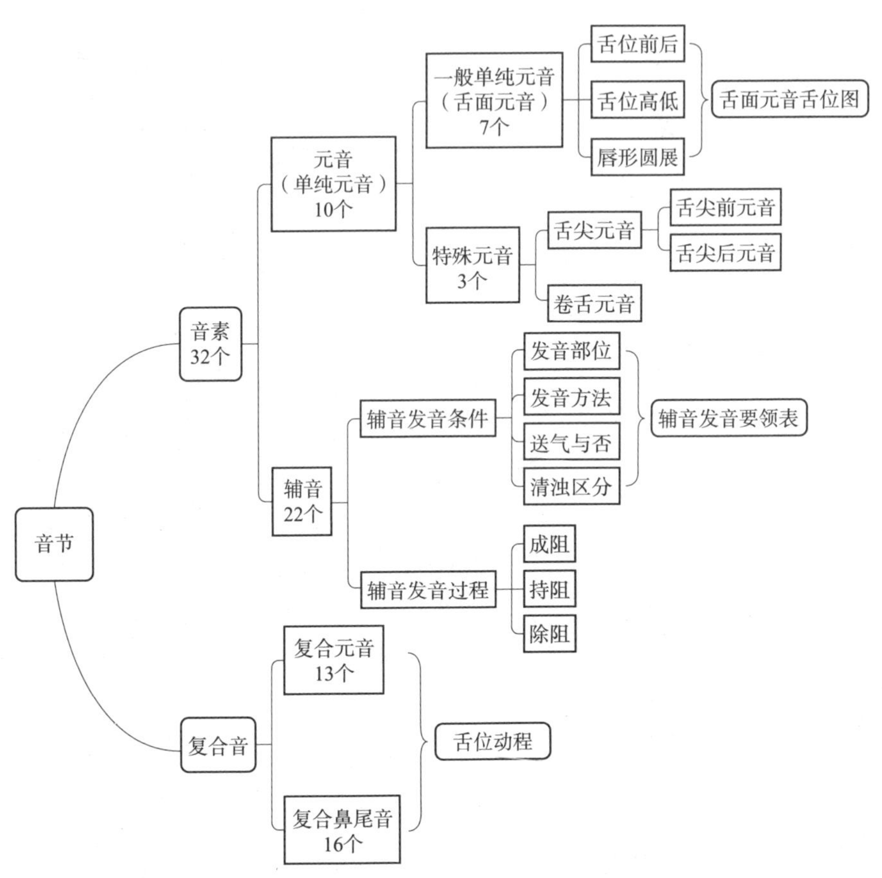

二、按汉语语音学传统分析方法分析

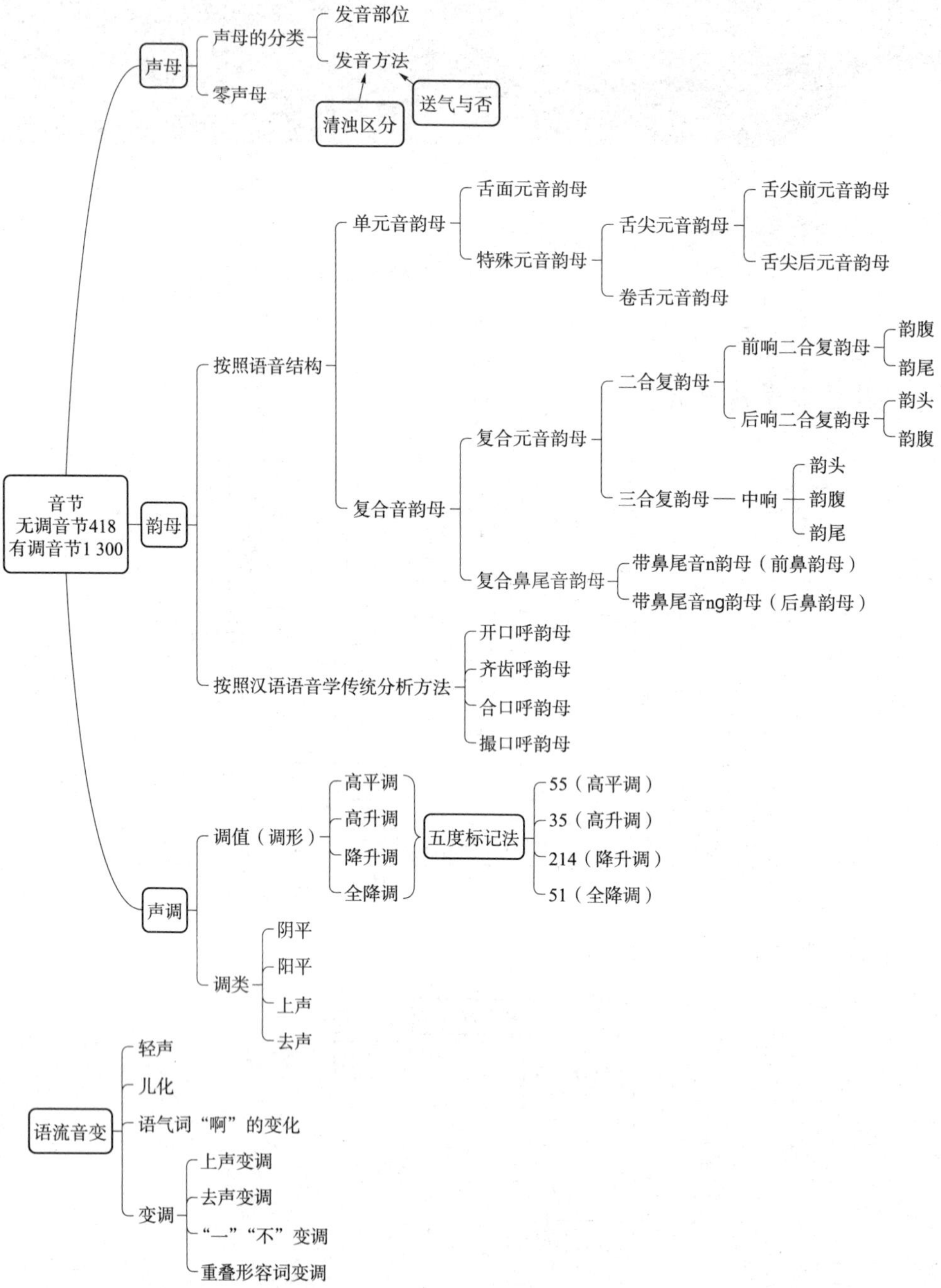

- 音节 无调音节418 有调音节1 300
  - 声母
    - 声母的分类
      - 发音部位
      - 发音方法（← 清浊区分；← 送气与否）
    - 零声母
  - 韵母
    - 按照语音结构
      - 单元音韵母
        - 舌面元音韵母
        - 特殊元音韵母
          - 舌尖元音韵母
            - 舌尖前元音韵母
            - 舌尖后元音韵母
          - 卷舌元音韵母
      - 复合音韵母
        - 复合元音韵母
          - 二合复韵母
            - 前响二合复韵母
              - 韵腹
              - 韵尾
            - 后响二合复韵母
              - 韵头
              - 韵腹
          - 三合复韵母 — 中响
            - 韵头
            - 韵腹
            - 韵尾
        - 复合鼻尾音韵母
          - 带鼻尾音n韵母（前鼻韵母）
          - 带鼻尾音ng韵母（后鼻韵母）
    - 按照汉语语音学传统分析方法
      - 开口呼韵母
      - 齐齿呼韵母
      - 合口呼韵母
      - 撮口呼韵母
  - 声调
    - 调值（调形）
      - 高平调、高升调、降升调、全降调 → 五度标记法
        - 55（高平调）
        - 35（高升调）
        - 214（降升调）
        - 51（全降调）
    - 调类
      - 阴平
      - 阳平
      - 上声
      - 去声

- 语流音变
  - 轻声
  - 儿化
  - 语气词“啊”的变化
  - 变调
    - 上声变调
    - 去声变调
    - “一”“不”变调
    - 重叠形容词变调

附录 B

练声参考流程

（1）气泡音：开口闭口共 30 s。

（2）轻度鼻音哼鸣《天空之城》2 遍。

（3）嚼：开口闭口各 20 次，共 30 s。

（4）挺：5 次，10 s。

（5）咧：15 次（撅、抿为一次），45 s。

（6）转：左 15 圈、右 15 圈，30 s。

（7）喷：30 次，30 s。

（8）顶：30 次（左右各 15 次），30 s。

（9）刮：10 次，每次 10~20 s。

（10）转：20 次，20 s。

（11）弹：1 分钟。

（12）膈肌训练："嘿""哈"共 30 s。

（13）慢吸慢呼、慢吸快呼、快吸慢呼各 2 次，每次 20 s。呼气发"si"音。

（14）"10 s"呼吸训练。呼气伴随鼻音哼鸣。

说明：这个练习一共 9 组，每一组的持续时间是 10 s，这 10 s 分为两部分，分别是吸气部分和呼气部分。这两部分的时长总和为 10 s，比如第一组是 1 s 的吸气时间和 9 s 的呼气时间，以此类推，见表 B-1。

表 B-1 “10 秒”呼吸训练 单位：秒

吸气	1	2	3	4	5	6	7	8	9
呼气	9	8	7	6	5	4	3	2	1

（15）快发“d”“g”“da”“ga”60 次，30 秒。

（16）快发“d”“t”“n”“l”10~20 次。

（17）咬字头训练。

ba bi bu　pa pi pu　ma mi mu　fa fu　da di du

ta ti tu　na ni nu　la li lu　ga gu　ka ku

ha hu　jia ji ju　qia qi qu　xia xi xu　zha zhi zhu

cha chi chu　sha shi shu　ra ri ru　za zi zu　ca ci cu

sa si su

（18）数“枣儿”：要求尽可能一口气数 20 个以上“枣儿”，2 次，2 分钟。数“枣儿”不要待气息尽竭再停止。“∧”是换气符号。

出东门儿，过大桥，大桥底下一树枣儿，拿着竿子去打枣儿，青的多，红的少：∧一个枣、两个枣……九个枣、十个枣、九个枣……两个枣、一个枣、两个枣……这是一个绕口令，一口气说完才算好！

（19）朗读 50 篇普通话水平测试指定稿件。

参考文献

[1] 张颂. 中国播音学［M］. 北京：北京广播学院出版社，2003.

[2] 吴弘毅. 实用播音教程：第一册　普通话语音和播音发声［M］. 北京：北京广播学院出版社，2002.

[3] 王岩平，王炜. 普通话语音理论与实践［M］. 重庆：重庆大学出版社，2014.

[4] 唐建新，罗容章. 普通话教程［M］. 成都：成都科技大学出版社，1996.

[5] 罗常培，王均. 普通语音学纲要［M］. 北京：商务印书馆，1981.

[6] 林焘，王理嘉. 语音学教程［M］. 增订版. 北京：北京大学出版社，2013.